忘るべからざることども

さまよえる日本丸の行方

稲田寿太郎
INADA JUTARO

幻冬舎MC

忘るべからざることども

さまよえる日本丸の行方

目次

まえがき

個人に人格があるとすれば国家にも国格があるのだろうか。それを親しみを込めてお国柄と呼ぶかもしれないが、果たしてそれは国民一人一人の人格を代表していて、伝統や文化といえるものだっただろうか。

わが国は歴史上の大きな転換点であった明治維新を迎えて、近代化（西洋化）という新しい目標に向かって大きく舵を切ったといえる。

鎌倉時代から江戸時代末期にかけての武家社会にあっては、主に中国を目標として「**和魂漢《わこんかん》才《さい》**」（相手を尊重し互いに助け合う和の心を持って中国の進んだ文明を取り入れる）を目指して歩んできた。

ところが江戸末期から欧米列強の力によるアジア侵略を目の当たりにして「**脱亜入欧《だつあにゅうおう》**」（近代化の波になかなか乗れないアジア諸国とは一旦距離を置いてでも欧米と向き合わなければならない）の必要性を痛感するようになった。

これを司馬遼太郎はその著書『坂の上の雲』のなかで「坂の上の一朶《いちだ》（一片）の雲をみつめて全国民が一心不乱に坂を上ってきた明治という時代」と表現した。

その結果、維新以降は「**和魂洋才《わこんようさい》**」（和の心を持ちつつ西洋文明を積極的に取り入れる）を目指して進んできたといえる。

ところが敗戦後、ＧＨＱ（連合国軍最高司令官総司令部：実態は米軍）が東京に設置されて、一時期その支配下に置かれ、政治・軍事・経済といった独立国家として必要な権利を大きく制限された。

そのために自主独立（自国のことは自分で決める）という戦前はごく当たり前であったことがおろそかになってしまった。

それに伴って、従来持っていた日本人特有の「和魂《わこん》」や国家・社会に対する責任感「公《おおやけ》」に対する感覚も鈍くなって、日本国民が個人的な欲求や金銭的な欲求に大きく動かされやすくなったように感じられる。

国家としては拉致、尖閣諸島、竹島、北方領土問題の未解決。日本周辺海空域に対する領海侵犯や戦闘機や軍艦による示威《じい》行為（おどし）を甘んじて受け、中国・韓国・北朝鮮などによる排他的経済水域などにおける海洋調査や違法操業を許している。

これらの行為は明らかに国の尊厳と権利とを侵す行為であると同時に、国家としての抑止力の甚大《じんだい》な低下を招くものだ。しかし政府は、単に抗議や遺憾《いかん》の意を伝えるだけである。今や国際法は守るべきものではなく、守らせなければならないものとなってきているのである。

こうした弱腰外交は、国際法（世界の秩序）を無力化するだけでなく、国際平和を乱すのを助長しているともいえるのではないか。また独立国家としての日本国民の精神的な抑止力（愛国心）さえも疑われて、ますます相手に付け入る隙を与えることにもなるのではないか。国民の間では夫婦別姓・ＬＧＢＴ問題などが声高に叫ばれ、オレオレ詐欺の横行、ＳＮＳ上での顔の見えない誹謗中傷《ひぼうちゅうしょう》や風評被害などがはびこっている。

何の疑問も良心の呵責も感じないでオレオレ詐欺などに便乗しているような受け子たち、また寺社のお賽銭《さいせん》にまで手を出す者までも頻出している。大人社会においては、ガバナンスの低下や収賄の横行が著しい世相にある。

以前のわが国には頑固な祖父（ジージ）や躾に厳しい祖母（バーバ）がほとんどの家庭に居て、存在感を持って家族の歴史を体現していた。

頑固さは自律に裏打ちされた個性の現れとして先輩後輩の守るべき順序を教え、社会における秩序の必要性をそれとなく教えてくれた。また躾は礼儀作法として女性の魅力を一層引き立てるだけでなく、日常生活に締りと潤いを与えてくれていた。

頑固な祖父や祖母を中心とした一家族が、国に代わって護送船団となって家族全体を守ることで、家族の一員としての誇りや、過失や不正を犯した時に感じる恥じの意識を学ぶことができた。また、家族同士の付き合いを通じて、他人への思いやりや協調性なども知らず知らずのうちに身に付けることができた。

さらには、老いていく祖父や祖母の達者な言葉とは裏腹な体力や思考力の衰えを目の当たりにして、人間の限界（分限）や無常についても知らされたものである。

今日《こんにち》の日本人が変わったのか、あるいは国家全体が変わったのか。それとも現状に違和感を覚える私だけが変われないでいるのか。戦後たった七十余年の間に、国とその国民性がそう簡単に変わるはずはないと思えるのだが。

　依然として、周りの人々は自分と大して変わらないで、適当に常識（徳・礼節）を備えていて思いやりがあると思えるし、公権力や大勢《たいせい》には反対するよりも従う傾向にあると思える。大きな犯罪も少ないし、概して住みよい社会といえる。

　もし権威主義国家や全体主義国家の首長が日本の指導者であったなら、いやいやながらでもついて行くであろう。この点で、ロシア人や中国人の持っているアジア的性格と似ているといえるだろう。これは、指導者や指導体制によって容易に変わる可能性のある、不安定な国柄といえそうだ。

　これに対して欧米諸国はどうだろうか。アメリカ・イギリス・フランスはリベラル派と保守派が激しく対立しつつ、それぞれかなり異なった国柄を感じさせる。それでも国家方針が一応一貫していて指導者によって百八十度も変わったという感じを与えてこなかった。もちろん王朝時代は除外してだが。

　しかし国内情勢について見るならば、政府と国民の結びつきはわが国と比べて決して良好とは言えないだろう。このことは、国民それぞれの言動や人格が必ずしも国柄を反映しているとは限らないことを示しているといえる。

罪を憎んで人を憎まずと言う。法によって判断し、情に流されないことと解釈できる。意図して殺人や大罪を犯した人が弁護士の立会いがなければ黙秘を続け、しかも弁護士に対してさえも虚偽の証言がなされたりする。

儒教や仏教の「徳や礼節」の教えからすれば人の道をはずれた行為と思われるけれども、欧米発の法に基づけば個人の権利の範囲内の行為であるようだ。東洋と西洋の大きな違いはそこにあった。

夏目漱石の小説『草枕』の一節「智に働けば角が立つ。情に棹《さお》させば流される」これはまさに今日の日本社会を、同時にこれまでの日本社会の有様を映した言葉であると頷ける。

お互いが睦み合う社会から成る国家が世界にとって望ましい国家であるとは限らず、個々人が分断的な社会から成り立っている国家が世界平和にとって望ましくない国家ともいえない。すると様々な性格や考え方をもった個人が入り交じって成り立っている世界（グローバル化した国家や社会）における品格を持った国家の識別は、いよいよ難しくなる。そこではハイロウミックス（新式と旧式の混合）による評価法（格付け）が必要になってくる。

最近の兵器体系は、精密誘導やサイバー、ドローンなど最先端の半導体技術を駆使した兵器の開発に関心が向けられている。ところが、精密兵器は精密になるほど電磁パルスなどによる衝撃波に弱くなり、反対に真空管はその影響を受けにくい。また電波は傍受や妨害（乗っ取り）に弱いけれども、有線は傍受や妨害を受けにくい。

実は鈍感で多少非衛生的なほうが、外部の悪性ウイルスや洗脳工作の影響を受けにくい性質を持っているかもしれないのである。デジタル（リベラル）とアナログ（保守）の違いともいえよう。

どのような新兵器も、人が古来持っている意志の力には未だ通じ難いといえる。世界の平和共存を破壊する今日のロシアのような国家の暴挙は、社会における個人の暴力や破壊行為に比べることができる。

ところが今日、個人の暴力的で理不尽な行為に対して、その人を孤立させてはいけないという考えが多数派となってきているように感じられる。しかし、孤立させて、その行為を封じ込めなければ社会秩序が保てないことは当たり前なことではないだろうか。いわゆる小の虫を殺して大の虫を生かすということである。

国際関係に当てはめれば「小異を捨てて大同につく」、すなわち、国家による暴力は反対意見をもつ国家が協力して封じ込めるのが良い方法であって、成功する確率も高いのではないか。

どのような事情があるにせよ、暴挙や暴力（テロ行為など）は許されてよいものではない。平和が長く続くと、人はおうおうにしてこの道理を忘れて、小の虫を助けることこそが自由民主主義や世界平和にとって最も大切なことだと誤解してしまいがちである。これが行き過ぎると法治主義（人間の本性は悪なので法で縛り付けておく必要がある）となって、強権政治の自由のない国家を生むことになる。

古代の中華王朝の治世にあった法治主義もそうであった。「治にあって乱を忘れず」は何も戦争のことに限らない。平和や自由に慣れすぎると、その状態が空気や湧水《ゆうすい》（わきみず）と同じようになって、ありがたみや大切さが全く感じられなくなるようだ。

悪事を封じ込めるといっても、中途半端な封じ込めでは、かえって相手を凶暴にするものだ。北朝鮮の核開発やその横暴な振る舞いを許してきたことは、ロシアの暴挙を許したこと以上に世界平和にとって脅威となったといえよう。

今後、イランやシリア、さらには他の権威主義諸国家に悪い影響を与えて、核保有国の広がりにつながる危険性を高めることになった。人道の名の下に支援した結果、多くの罪のない人命が一人の指導者のために奪われることになるかもしれないのである。

例えば学校の窓ガラスを割ったり、壁や道路に落書きしたりするいたずら的な行為を大目にみてしまうことが秩序の乱れを招き、ひいては世の乱れにつながっていくものである。また大きくは、各国の政府高官や要人たちの不用意な言動によくその国の国柄が現れ、政策や方針までもが読み取れることがある。

国家間の付き合い（外交）も人間関係も背景情報によって大きく支えられていて、その情報はおおかた国の歴史や個人の育ちの中に秘められている。

何も世界中のことを全て知る必要はないだろう。自国と特に関係のある国々について知っていたら、それでほぼ大丈夫といえる。しかもそれは居ながらにして知ることができる。なぜなら、グローバル化が進んだ今日では、世界中のほとんどの情報が身の回り（テレビや新聞・スマホ）に含まれているからである。

気を付けなければならないことは、相手を知ることよりも自分を知ることのほうが難しいということだ。自分を知るにはまず自分を強く意識することから始める。自分本位（唯《ゆい》我《が》独尊《どくそん》‥うぬぼれ‥自律）ともいえる。

その強い自我の意識の中に外部情報を取り込んで、反芻《はんすう》（否定や肯定を繰り返す）した後に取り出すのである。我田引水とは異なる。決して無の境地になってはいけない。なぜならその無は無責任の無となりやすいからである。肝心なのは、何事に対してもまず疑問を持つことである。

自分という度《ど》のきつい色眼鏡を掛けて、掛けていることを常に強く意識しつつ観ることによって、教科書の裏に隠された秘密の扉が開いてくるだろう。

国際情勢や国内問題は、自分とは無関係に流れていくテレビドラマではなく、そう遠くない将来、自分や家族にとって直接間接に関わってくる身近な問題として捉えて頂きたい。

本書は多忙な方々のために結論から先に述べ、次いで結論を導いた各論に入ることにする。従って本論を読み終わったらもう一度結論に戻って確認して頂きたい。また年号などは気にせずに私小説として気楽に読んで頂くことをお勧めしたい。

第一章　結論（日米関係と今後の中国）

日米関係

米国は、ヨーロッパ諸国や中国のようにユーラシア大陸にある国家とは違って、国土に万里の長城（防壁や柵）をめぐらせるという歴史を持たなかった。もちろん今日では、メキシコなどからの移民に対して築いてはいるのだが。

その理由は、太平洋と大西洋という広大な海によって、ユーラシア大陸やアフリカ大陸から大きく隔てられていたからである。だから米国は大陸国家ではなく、日本と同じように海洋国家（島国）なのだ。

米国は、古代の中華王朝にとって脅威となっていた遊牧民族や韃靼《だったん》（モンゴル人）及び東ローマ帝国時代のゲルマン人などと、陸を通じて国境を接していなかった。そのために、日本以上に他国から自国領土を侵略された経験がほとんどない。

兵器体系が格段に進歩した今日でも、他国を占領するためには、陸軍の地上部隊が相手国の領土に足を踏み入れる以外に方法はないといえる。ミサイル攻撃や航空爆撃及び艦砲射撃だけでは相手の国を占領したとはいえない。

陸軍部隊が相手国に踏み込んで初めて占領したということになる。海という自然の防壁は「元寇《げんこう》」（モンゴル帝国の日本侵攻）をも撃退したのだ。もちろん鎌倉武士の武功もあったのだが。

太平洋と大西洋によって守られてきた米国は、他国との外交に当たって本土防衛を全く考えないで商業（経済面）一本やりで交渉することができた。敗戦後、国防を米国に任せっきりにしたわが日本と同じように。

しかも奴隷制の上に成り立った国であったので、長期間にわたって特権階級（人種差別）による政治体制をとってきた。奴隷解放が徐々に進んできて、ようやく民主化がなされた国なのである。日本人はこのことをよく知っておく必要がある。

ところが当世、核兵器搭載の大陸間弾道弾や原子力潜水艦が出現したことで、太平洋と大西洋の大きな堀を一度に埋められてしまった。米国出身の海軍軍人A・T・マハンの著した「海上権力史論」（海を支配する国が世界を制す：詳細は後述）が世に知れわたったことによって、逆に脅威を呼び込む結果となったのである。

そこで初めて古代欧州公国や中国が「匈奴《きょうど》：タタール」などから受けた脅威感覚を共有でき

たといえる。その後はロシアを脅威対象国とする冷戦のにらみ合いが続けられることになる。

漸《ようや》くにして冷戦が終結したところ、その脅威感覚がもとに戻ってしまって、ロシアや中国への対応が甘くなってしまう。その結果鳴りを潜めていた彼らが匈奴化して今日の世界情勢となっている。米国の脇の甘さは北朝鮮の横暴さえも許してしまうほどである。

民主党系は小さな政府を目指して、モンロー主義化（日本の江戸時代化）して内に引きこもる傾向にあった。一方共和党系は大きな政府を指向して、海外に進出して経済帝国を目指す傾向にあった。ただし、この性格の違う二つの政党制によって中庸（バランス）が図られて、ロシアや中国のように理不尽な行動に走る危険性は抑えられているといえる。

ただし留意すべきは、米国は歴史的に中国を軍事大国としてではなく、巨大な市場として見る傾向をもっていることであろう。なぜなら米国が国家として初めて交易した時の清帝国（満洲人に支配された中国）は、既に欧州列強の侵略や侵蝕にあっていて崩壊寸前の状態であったからである。

その状態はとても国家とはいえず、ただ数億の民がひしめく広大な消費市場であった。この記憶が米国の為政者や知識層に受け継がれ、共和・民主両党共通の商人魂と結びついて、中国に対しては関与政策や宥和政策をとりやすいといえる。

ロシアに対してさえも、プーチン大統領への個人的な感情や核搭載の大陸間弾道弾や原子力潜水艦の脅威さえ低減すれば、程なく宥和的になると思われる。

一方日本に対しては、武力をもって米国に向かってくる能力はないとみているようだが、東アジア諸国にとっては脅威であると考えている（ボトルネック説）。ただし、太平洋戦争時の帝国陸海軍から受けたトラウマは、まだ完全には無くなっていないようだ。

国防意識が希薄で平和主義一辺倒の日本国民にとって、現在の平和憲法下の日本が東アジアなど他国の脅威になっているなどと理解するのは難しいだろう。

無償の平和に慣れるということは、平和そのものを否定していることにもなっているのである。現在、自由民主主義が抱えている問題と同じように。

米国と日本の他国に対する感情は共通する点が多い。それはおうおうにして対応が甘くなって、他国を脅威として感じにくいということである。その理由は両国の地政学的な環境（海を隔てた島国）に起因するであろう。

この傾向は良し悪しの判断はできないが、米国にとってはほとんど問題とはならない。なぜなら、相手国の出方によって硬軟いずれにも対応可能な国力をもっているからである。しかし日本の場合は違う。対応によっては大きな影響を受けるからである。従って、日本の国防や外交は米国追従（米国頼み）だけで安心とはいかない。

ピューリタン革命に端を発する教徒たちを先祖に持つ米国は、個人主義や利潤追求を重視する国益至上主義の国家であり、この精神は今後とも変わらないといえるだろう。

加えて大統領制度と国内の人種の坩堝化《るつぼか》（価値観の多様化）は、わが国や英国などの立憲君主制の国家が伝統的に持っている「信義・儀礼」に対する感覚が希薄になる可能性が高いと考えられる。

　また戦後ＧＨＱが日本を支配していた時期に、日本人を見下すような体験もしてきている。これらのことを決して見落としてはならない。これらのことを念頭に置いて運用することによって、日米同盟はより一層ゆるぎない同盟となるであろう。

　歴史を参考にして相手国の成り立ちを知り、その辿ってきた道を尋ねて、後に自国との接点を求める手順が必要となろう。当然自国を知らないと接点は求められない。

　現在の日本は、私から見てもその形（国柄）を漠然《ばくぜん》としていてつかみどころがない。それは他国からもそのように見られていると思わなければならない。

　このことは疑心暗鬼《ぎしんあんき》（誤解）を招きやすく、メリットよりもデメリットのほうが大きいといえる。なぜなら世界は集団安全保障体制の時代に入っているからである。連合体制は常に結束する努力をし続けなければ綻びやすい。自由民主主義国家と同じように。

　そこで日本国民がまずしなければならないことは、自分と国家の関係を見つめ直すことであると考える。

　現在の日本は概ね資本家階層（金持）と中産階層及び下層の三層で構成されているといえる。その大半が中産階層（気分的も含む）といえるであろう。ならばこの中産階層の物心両面（税金と愛国心）の支えが、国家を支える最も大きな力になっているといえる。

日本の将来は、この中産階層の国家に対する考え方（国家観）にかかっているといっても過言ではないだろう。故に中産階層の方々一人一人に、自分と国家についてあらためて問い直して頂きたい。

何のために教育を受け、何のために働き、何のために生きているのかと。このことは突き詰めると実は生かされている（他律）ことに気付かれるであろう。ヒッピー（脱社会的な人々）でない限り、人は何らかの集団あるいは組織に属し、そこに何らかの貢献をして配当を得て生活をしている。

属することによって一人一人がおのずと社会生活を営んでいるのである。いや社会生活をさせてもらっているともいえる。その集団や組織をまとめたのが国家である。ならば国家とは個々人の集まりということになって、根本は個人にあるといえる。

それはすなわち「国が自分に何をしてくれたか」の以前に、「自分は国に対して何ができたか」が前提としてあることに気付くであろう。福沢諭吉の言う「一身独立して一国独立す」は、そのことをいっているのではないか。

日本は「まえがき」で述べたように「和魂漢才《わこんかんさい》」から「脱和入欧《だつわにゅうおう》」に進み、「和魂洋才《わこんようさい》」を目指してやってきた。

今や「和魂和才《わこんわさい》」（日本古来の和の心を大切にしつつ他国に左右されない独立国家としてやっていく）の時代に入るべき時にきているのではないか。

教育基本法に「第一条：人格の完成をめざし（中略）、第二条：自主自律の精神を養い、伝統と文化を尊重し、わが国と郷土を愛する」とある。これは明らかに戦後ＧＨＱがわが国と国民にしかけた隷属的な支配体制の悪影響からの脱却を目指せということではないか。

昭和二十年十二月八日、在東京米軍司令部から出された『太平洋戦争史』の中の、【付録6翻訳】「日本及び朝鮮における非軍事活動の総括（抜粋）」（江藤 淳著：『忘れたことと忘れさせられたこと』文藝春秋・一九九六年）。この内容こそが、ソ連共産党が世界にしかけた共産主義インターナショナルやナチズム及びファシズムが採用した、国民と国家を分断して自分たちの側に抱き込むという工作活動であったと考えている。

敗戦の傷心と民度の高さ（デジタル性）から、その工作はわが国民に急速に深く浸透したと考えている。特にこの工作活動に感化されたとみられる知識階級（リベラル派）の逆転向（戦時中転向して戦後再び左翼思想へ回帰）が、災いをさらに大きくしたとみている。

米国の文化人類学者ルース・ベネディクトはその著書『菊と刀』（長谷川松治訳：社会思想社・一九六七年）で次のように述べている。「日本人は常に自己の行為の結果責任をとらねばならないと考えている。一九三〇年代には軍国主義が容認されていたのにもかかわらず」

また「日本人が精神的に苦痛を伴うことなく一つの行動から他の行動に転換しうるということが、なかなか信じられない。捕虜になったら弾薬集積所の位置を教え、兵力配備を綿密に説明し、わが軍の爆撃機に搭乗して軍事目標に誘導した。軍事秘密でも簡単に漏らすし積極的に協力もする。彼はある行動が失敗に終われば、それを捨て去る」と。

同じく海軍情報員であったドナルド・キーンは、司馬遼太郎との対談で「源平合戦から戦国時代までの合戦の勝敗の結果が裏切りだったようです。また日本人は罪を犯して自白するような場合、必ず申し訳ないとか、とても悪いことをしたと言う。外国の場合は、犯人はまず否定する。自白しないですね。申し訳ないとは絶対に言わないでしょう」（司馬遼太郎・ドナルド・キーン著『日本人と日本文化』中央公論新社・一九九六年）。

因みに米海軍は一九一〇年以来、日本語能力習得のために海軍士官を日本に派遣している。さらに日本との関係悪化にともなって一九四一年カリフォルニア大学やハーバード大学に日本研究科を設けて日本人の研究に着手している（コロラド大学図書館：ＪＳＬＰによる）。

米海軍日本語学校は、ドナルド・キーン、エドワード・サイデンステッカー、オーテイス・ケリーなど著名な日本文学研究者を輩出している。彼らは太平洋戦争中、軍に所属し日本人捕虜からの情報収集、弱化工作や日本人の精神分析（心理戦）などの任務を負っていた。またＷＧＩＰ（戦後日本の弱化工作）にアドバイザーとして貢献もしている。

米国によって綿密に仕組まれたこうした過去の束縛（マインドコントロール）からの脱却こそが、日本の本来の形（国柄）を取り戻すこととなろう。

過去に帰れと言うのではない。日本本来の姿を取り戻せということである。日本以上に罪深かったドイツは、戦争責任をナチス・ヒトラーに帰して、欧米流に見事に復帰を遂げているのであるから。

儒教精神の恕《ゆるす》（他人の立場や心情を察してあげる：和の心にも通じる）に基づいて欧米から輸入した万国公法を理解し、その法を順守し同盟国ドイツに義理立てして太平洋戦争に至り、その心をもってロシアとの不戦条約を信じたことが、さらに大きな災いを招くことになった。

欧米流のプラグマティズムの思考回路を持たなかったがためにもがき続けた七十余年、もう十分に懺悔《ざんげ》は果たしたといえる。これ以上は単なるマスターベーション（自慰）であり、国家にとっても個人にとっても無責任で恥ずべき行為ではないだろうか。

キリスト教においては、原罪によって個人の犯した罪を神が代わって償ってくれた。そのおかげで個人は犯した罪を神に告白することで償うことができた。しかし儒教の性善説に基づく責任の取り方は、ベネディクトやキーンの言う通り自己責任となっていつまでも自分自身に重くのしかかるのである。

当時は、キリスト教国家（欧米）の作成した実用法（国際法）に倣って彼らと同じ土俵上で生存競争をしたのだから、同じ土俵で裁かれるべきが当然であった。しかし敗戦後、なぜか特設リングの上で、しかも仲間内のジャッジの採点によって裁かれたのである。彼らは自分たちで法を創り、自分たちの都合に合わせてその法を解釈してきたのである。

今後の中国

今日の中華人民共和国の帝国主義的・覇権主義的変貌に手を貸してきた経緯から、日本はその責任の一端を負う必要がある。米国や欧州の民主主義国家は、中国やロシアに対して既に旗《き》幟《し》（どちらにつくか）を鮮明にしている。

日本はこうした欧米の動きに対して政財を分けた二股政策（あいまい政策）に甘んじ続けることは許されないだろう。なぜなら世界は自由民主主義世界とその他大勢（非民主主義世界）に分離しようとしているからである。

ここに「かつての日本が間違っていたことを反省し、今後は対話を通じて共通利益を見出して、したたかに中国を利用する貪欲さが必要である」などとうそぶく元外交関係者がいる。この意見は一見もっともらしく思える。しかし自分（日本）を過大に評価していて危険な意見でもある。

漢や晋の時代から謀略と智謀を駆使してきた百戦錬磨《ひゃくせんれんま》（深い経験をもつ）の中国を手玉にとれるなどと思うこと自体が、自分（日本）を全く理解していないといえる。これまで日本は、まさにそのように考えて対中外交をやってきたのではないか。その結果が、現在の有様であることを全く理解していないと思える。

日本がアジア周辺国などに多額の税金を投入してきたＯＤＡなども、結果的に中国に油揚げをさらわれたような形となったのもその証であろう。

歴代の中華王朝が採用してきた法治主義（人の本性は悪であり法によって縛っておかなければならない）は、中国大陸を統治する上で必要不可欠の理念であり、今後も変わらない方策であろう。

中国は、清帝国時代から欧米諸国が押し付けてきた欧米流の万国公法やイデオロギーには決して染まらずに、独自のやり方や生き方、すなわちかつての華夷秩序の世界を取り戻そうとしている。これは、かつて日本が中華思想に染まらずに独自の道を進んできたことにも通じる。

欧米文明が見落としてきた、あるいは振い落としてきた、またはそれに馴染めない国家や民族、さらには法則などを拾い集めて、新たな文明圏（普遍性）を構築しようとしているとみえる。それは華夷秩序システムの再興とも考えられる。

これはかつて、欧米列強によって国土を踏みにじられても何ら対策のとれなかった政府への不満と欧米文明への反発を爆発させた中国農民たちの反乱にも似ている。

まさに一九〇〇年に起こった「義和団の乱」（民衆の反乱に端を発するレコンキスタ〔国土回復運動〕）が自由民主主義の堕落に伴う行き過ぎたグローバリズムや多様性や自由民主主義の押し付けによって乱された現代中国社会に勃発したといえよう。

自由の行き過ぎが放縦となって生きづらい世になってきていることを示しているともいえよう。

中国の挑戦は単なる軍事力の発露だけではない。近代社会が営々と築き上げてきた普遍的価値（自由民主主義）の真贋《しんがん》を問おうとするものである。

この挑戦はプーチンロシアとは一線を画する。ロシアは今後せいぜい背を低くして欧州連邦に留まるか、あるいは中国に寄り添ってアジア国家として生き延びる可能性のほうが高いだろう。

一方中国は合理主義や自由民主主義へ挑戦しようとしているといえる。それは新合理主義や新自由民主主義への構想とも受け取れる。どちらが正しくてどちらが間違っているかではない。どちらが住みよいか、どちらが生きやすい世の中かを問おうとするものである。

格差社会の広がりや自由の押し付けは中国のこの戦略にとって恰好《かっこう》の援軍となるであろう。「赤信号みんなで渡ればこわくない」中国は紅旗を掲げて進軍してくるであろう。

西側諸国はソ連を崩壊させることはできたが、中国をユーラシア経済圏から放逐することはできないだろう。なぜなら中国は経済規模による存在感だけではなく、歴代の中華王朝が築いてきたかつての朝貢制度の残照が今なお残っているからである。それはソ連邦時代のロシアの各国支配とは異なって、中国の統治には儒教に基づく徳や礼節の精神が曲がりなりにも内包されていたからと考えられる。

中国の新疆ウイグル自治区などへの対応が、イスラム原理主義やイスラム諸国の反発を予想されるほど受けていない理由もそこにあるのではないか。

自由民主主義は根本的な見直しを迫られているといえよう。これに伴う世界の二極化（自由民主主義陣営とその他）は、覇権争いや紛争にまで発展しなければ悪と決めつけることはできない。

グローバリズムや多様性の進展は、かつての共産主義のように自由民主主義を蝕みつつある。西側世界はこのことを認識したうえで中国と民主主義自体を見直さなければならない。民主主義陣営は第二のレコンキスタを必要としているともいえよう。

十字軍なしにはキリスト教圏を回復できなかったのだ。西側諸国は今後結束して対処しなければ、築いてきた普遍性を守ることは難しいだろう。その際ＮＡＴＯにおけるトルコ（イスラム国）などの存在が微妙となろう。トルコをマッチ・メーカー（仲介人）として安易に振る舞わせることは危険である。

歴史を紐解けば、米国が中国にとって匈奴（敵）あったことはなかった。また中国が米国にとって匈奴であったこともなかった。なぜなら、米国は中国とは陸続きではなく、また中国を軍事国家ではなく巨大市場としてみようとする傾向にあった。

この米国の国益追求の考えだけは、共和党・民主党ともに常に一致していた。今後もおそらく大きく変わることはないであろう。

今日も台湾問題があるために大分《だいぶん》と警戒をしているようだが、中国そのものにはそれほど脅威を感じていないとみている。台湾問題が軟着陸すれば、いずれ関与政策や緩和政策にとって代わる可能性が大である。

日本としては、米国の表面上のパフォーマンスに一喜一憂することなく、まずは足元を固めて、いずれの局面にも右往左往しないで済む体制を整えるべき時ではないか。

第二章　歴代中華王朝における華夷秩序の変遷

律令時代の日本

律令時代の大和朝廷は、時の中華王朝に倣って華夷秩序システムを受け入れた。この古くから中華王朝が実施してきた「朝貢制度」は、今日においてもなお日中韓の関係や東南アジアと中国、さらには欧米諸国と東アジア・東南アジア間の安全保障や外交及び貿易関係に、少なからぬ影響を及ぼしている。

朝貢制度は、時の中華帝国を中心とした周辺諸国との平和共存を維持するための画期的なシステム（華夷秩序）として機能していた。中華帝国を中心とした安全保障システム（パックス・シニカ）の根幹をなす構想であったともいえる。

朝貢制度とは自国を固め、武威《ぶい》をもって周辺諸国を従わせ、外交と徳をもって平和共存を図る経世の術（地域安全保障構想）ともいえるほどのものであった。中国に勃興した各王朝の朝貢制度の跡を辿って、今日の米国や中国の世界戦略や東アジア戦略構想と比較してみることにする。

華夷秩序と万国公法

「朝貢制度」は、形式的には君臣関係（ロシアとＣＩＳ国家関係類似）を目的とするものと、貿易や交易を主とする（ＷＴＯやＲＣＥＰ類似）ものに大別される。ただし、朝貢には契約以上に「徳・礼節」の要素が重んじられていた。

日本との関係に例をとると、中国大陸の漢や西晋《せいしん》・東晋《とうしん》との間に交わされた聖徳太子以前に行われた朝貢は、君臣関係に当たり、以後は交易関係に相当する。

太子以前は、漢や晋の威光（虎の威を借る）をもって朝鮮半島に存在した新羅や百済などの諸国に対して優位な地位を確保するために利用された（地域安全保障＝小中華）。太子以後は、中華王朝と気分的に対等の立場での交易が主な目的となっている。

ただし中国側からすれば、一貫して君臣関係の朝貢（華夷秩序下）と見なされていた可能性が高く、厳密に区別することは難しい。

しかし欧米を含む中華圏以外の諸国からみたら、そのアジア的で曖昧な外交関係を理解できなかったようである。それは、華夷秩序下における朝貢制度には、法（規定）以外に最も重要な精神的な支え（徳・礼節）が内包されていたことによる。

そのために十八世紀末のアヘン戦争以降、中華王朝と交易を始めた欧米諸国が国家間の関係は万国公法（倫理を抜きにした規約・条約）に拠るべきとして、朝貢制度は廃止されたのである。

それでも長期にわたる中華帝国の歴史的背景から、欧米諸国は日中間や中国とアジア諸国の交易を朝貢関係に結び付けて見る傾向がある。少なくても日中間の友好関係や天皇・議員団の訪中などの行為には、今日でも強く反応するとみる必要があろう。このことは日中関係だけではなく、日本とアジア諸国との外交においても同じことがいえる。

かつての中華圏における朝貢制度は成文法によるものではなかったけれども、不文律として圏内の安全と経済や文化の発展に貢献してきた。朝貢制度は不完全（法体系を取らず道徳的不文律）で緩やかではあったが、当時の東及び東南アジアにおいて機能した安全保障システムといえるほどのものであった。

中国大陸のように陸続きではないけれども、太平洋と大西洋を跨《また》いでユーラシア大陸と結んでいる米国が第一次大戦以降目指してきた国際安全保障戦略も、条約体制（欧米文明）による一種の朝貢制度といえる。

華夷秩序下における朝貢制度も当時の万国公法も、相手国の文明度によって華（欧米諸国）と夷（アジア諸国）と差別化する二重性を帯びていた。

しかし、万国公法の信頼性（信義）は、当初にあっては朝貢制度よりもかなり低いものであった。それが日本や中華圏に入ってきて儒教の精神が加味されて、法と徳とが渾然と一体化して近代国際法となったといえる。本来は国家間の権利や義務を規定する単なる書付であったものが、徐々に世界の国々が遵守すべき普遍的な法として形而上《けいじじょう》的色彩を帯びてきたのである。

日本では文明開化とともに導入され金科玉条《きんかぎょくじょう》（守らなければならない重要なもの）として奉られ、破ってはいけない定書《さだめがき》と理解されたようである。今日の米国を中心としたリオ条約、ＮＡＴＯ（北大西洋条約機構）、ＡＮＺＵＳ（オーストラリア・ニュージーランド・アメリカ合衆国安全保障条約）、日米・米韓同盟などは米国を中心としたかつての華夷秩序関係にあるといってもよいだろう。

経済関係ではＷＴＯ（世界貿易機関）、ＮＡＦＴＡ（北米自由貿易協定）、日米・米韓貿易協定などがそうである。これらは交通や通信網の発達によって、陸続きでなくても密接につながるようになった。

ただし米国が保護主義を優先した場合には、この朝貢システムは機能しなくなる。それがパックスアメリカーナを自認する米国の信頼性を失わせてきた。

これから紹介する歴代中華王朝の採った朝貢制度と、後に述べる米国の世界及び東アジア戦略構想とを比較してみると興味深い。

朝貢制度の基本原則は、軍事、経済、外交、文化、技術の総合力をもってスーパーパワーの地位を確保し、ゆるぎない威厳と徳・礼節（今日では国際標準や自由民主主義に当たる）をもって相手国を自分になびかせる方策であったといえよう。ロシアのように軍事力だけでは国際標準国家とはなりえない。

大陸に勃興した歴代中華王朝のとった華夷秩序構想の歴史と、第二次大戦後の米国の世界安全保障ドクトリンを比較検討してみよう。

歴代中華王朝の朝貢政策

さて朝貢に関する歴史書の記述は、中国の漢書《かんしょ》や魏志倭人伝《ぎしわじんでん》及び晋書《しんしょ》や宋書《そうしょ》などに記されていて、漢の時代以前から既に行われていたようである。

前漢

秦《しん》の始皇帝《しこうてい》は法治主義（人の本性を悪とみなして、法の強制をもって人民を統治する考え方）を推し進めて民間の医学、占術《せんじゅつ》（うらない）、農学以外の書物を全て焼き捨てるとともに、王を非難する者を生き埋めにした（焚書坑儒《ふんしょこうじゅ》）。すなわち儒教精神の要であった徳（性善説）を全面否定したのである。これによって、それまで官民一体となって平和裏に暮らせてきた社会を一変させた。

これは毛沢東や現在の習政権下の中国に見られる毛語録や個人崇拝の強制による専制政治体制と似ている。これによって思想の統制と個人の自由を制限した。ＧＨＱが戦後日本を統治したやり方も、これに近いものであった。

すなわち日本古来の文化や伝統に関する書物を焼き捨て、著名な指導者を絞首刑に処したのである。

皇帝は、郡県制（地方を郡と県に分ける）を採用して中央集権的な行政制度を実施する。また万里の長城を修復して四周からの「匈奴《きょうど》」（敵：蛮族）の襲撃に備える。

紀元前二〇二年、劉邦《りゅうほう》（高祖）が項羽を破って長安（現在の西安）に前漢を建国する。国内の財政難を打開するために、塩・鉄・酒を専売制度とする。

七代皇帝武帝は、北方の匈奴を衛青《えいせい》・霍去病《かくきょへい》両将軍を派遣して北方に追いやって、南越《なんえつ》（ベトナムの北部）を征服する。衛氏《えいし》朝鮮を破って楽浪郡《らくろうぐん》（郡の一つ）を設置する。

また軍事力増強のために、汗血馬《かんけつば》と呼ばれる暑さに強くて持久力のある名馬を手に入れるために、現在のカザフスタン辺りのフェルナガ（大宛《だいえん》：オアシス国家）にまで遠征する。当時の馬は今日の戦車や原爆に相当するほどの力があった。

東西交易が活発になって、インドから仏教が伝来して来る。これが後に儒教の教えに反して治安の乱れを誘発する。今日の民主主義に反する共産主義や権威主義の台頭に似ている。

司馬遷《しばせん》の「史記」（中国最初の歴史書）が完成する。

後漢

紀元二十五年、光武帝《こうぶてい》が洛陽《らくよう》に後漢を建国する。儒教の官学化（国定教科書）による思想統一を図って、徳をもって国内を治め、武威をもって対外に対処するために冊法体制《さくほうたいせい》（官位を授けて統治する：守護地頭制度に類似）を実施する。

「漢委奴国王《かんのわのなのこくおう》」（卑弥呼）、「漢匈奴《きょうど》悪適《あくてき》尸逐《しちく》王」（南匈奴《きょうど》の王）などの「印《いん》」（印鑑）を作成して朝貢国に与えて外交関係を築く。

儒教精神を行き渡らせるために「四書五経《ししょごきょう》」（儒教の中で特に重要とされる教え）が作成される。特に五経の中の礼記《らいき》から独立した大学と中庸の精神が強調されて、修身・徳・平天下など帝王学（人の上に立つ者が学ぶべき教え）ともいえる項目が選定され、この思想を朝貢制度の根本におく。

魏《ぎ》の時代に台与《とよ》（卑弥呼《ひみこ》の親類）が魏の皇帝に生口《せいこう》（奴隷）を三十人、白珠《しらたま》（真珠）五千を献上している。倭の王たちは、貢物をすることによって、見返りに倭国王や安東将軍や鎮東将軍、征東将軍などの肩書を頂いている。

倭国王は肩書を得ることによって、当時の朝鮮半島諸国に対して優位を確保することができたようである。これは二重朝貢（小中華）制度として地方圏への権限の委譲ともいえる緩やかな統治である。

この時代はやがて政治や社会の不安から官学としての儒教精神が衰退して、末法的な考え方を持つ仏教や無為《むい》自然《しぜん》（なるがままに任せる）を説く老荘《ろうそう》思想《しそう》などが広まるようになる。

それによって乱世となり魏《ぎ》・呉《ご》・蜀《しょく》の三国に分裂（当時の中華を世界としたら米・中・露に勢力が分裂したようなもの）して天下を三分した抗争に発展する。程なく南北朝の戦国時代へと向かう。

思想（イデオロギー）の乱れが世の乱れとなった。ロシア共産主義インターナショナル（コミンテルン）の思想闘争による世界の乱れと重なる。中華帝国にとって儒教は、国家の統制と存続にとって重要な実用道徳といえるものであった。

儒教は思想であってキリスト教やイスラム教のような宗教とは異なる。政治と宗教を一緒にした実践哲学とでもいえようか。

しかし、その精神的な束縛性は今日のキリスト教の比ではなかった。従って儒教を正しく理解し、その精神が世に行き渡っていたら、すなわち法と教育がしっかりしていたら、中華王朝は安泰《あんたい》だったといえる。

現在の中国の習政権は初等教育から徹底して習近平語録を学ばせて、性悪説の法治主義の下に思想と愛国心の強化（マインドコントロール）を謀って習帝国の安定と長期化を図っているといえる。

隋の時代

五八一年、第一代皇帝の文帝が禅譲《ぜんじょう》（世襲によらずに相応しい者に政権を譲ること）によって長安に隋を建国する。

隋の時代になって倭国の推古八年、最初の遣隋使が送られ、推古十五年には、聖徳太子によって小野妹子以下で編制された二回目の遣隋使派遣が行われた。

この頃の隋は、西方に突厥《とっけつ》（トルコ系やモンゴル系の遊牧民族）やチベット附国、東方に朝鮮半島の高句麗《こうくり》・新羅《しらぎ》・百済《くだら》、南方にチャンパー（チャム族の国）からの脅威を受けていた。

二代皇帝煬帝《ようだい》は、突厥を離間策《りかんさく》（互いに争わせる策：代理戦争類似）によって分裂させ、西突厥には公主降嫁《こうしゅこうか》（徳川時代に仁孝天皇の皇女で孝明天皇の妹であった和宮を公武合体策として徳川十四代将軍家茂《いえもち》に嫁がせたような方策）で対処し、東突厥、高句麗は侵攻して朝貢関係を築いた。しかし、高句麗遠征は失敗に終わる（高句麗人の国防意識の高さによる）。

聖徳太子が推古十五年に隋に送ったとされる書に記された、「日出づる処の天子、書を日没する処の天子に致す、恙無《つつがな》きや」の内容は、煬帝《ようだい》にとって極めて無礼であっただろう。しかし書を無礼だと認めながらも朝鮮半島の高句麗遠征をまぢかに控えていた折、高句麗の東方に位置する日本を戦略上無視できなかったのではないだろうか。

隋は、国内政策としては均田制（検地）、租庸調制（税制）、科挙制（官吏登用制度）を実施して、皇帝制度の強化を図っている。隋もまた儒教思想が衰えて国内が乱れ、さらに対外討伐にも追われて朝貢活動は不活発であった。日本からの朝貢は小野妹子が連続で二回、犬上御田《みた》鍬《すき》らが一回行っている。

唐の時代

六一八年、高祖《こうそ》（李淵《りえん》）が長安に唐を建国する。唐時代は北方に東西の突厥及びウイグル（トルコ系）、西方に吐蕃《とはん》（チベット系）、南部に南詔《なんしょう》（チベット・ミャンマー系）及びチャンパー（ベトナム系）、東方に日本が控えていた。

東突厥は服属させ、西突厥は討伐して朝貢関係を維持する。吐蕃とは公主降嫁して同盟関係を結ぶ。チベット・ミャンマーは冊封《さくほう》により、ベトナムと日本は朝貢関係とした。

朝鮮半島の渤海と新羅は冊封《さくほう》（官位を授けて諸侯に任ずる）としている。ウイグルについては、公主降嫁や使節交換によって友好関係をつなぎ止めるなど、活発な朝貢活動をしている。

国内の統治にあたっては、律令制や府兵制（兵農一致：徴兵制）を敷いている。三代皇帝高宗に至って、百済・高句麗を征伐するとともに法律制度を確立させる。しかし若くして病床に伏したために、皇后の則天《そくてん》武后《ぶこう》に政務を譲る。

しかしその治世は「武韋《ぶい》の禍《か》」と呼ばれ、望ましくなかったようだ。親族縁者や寵臣《ちょうしん》（ひいきの部下）による専制政治が評価されなかったのであろう。それでも治世下において農民の反乱が一度も起きていないことからすると必ずしも悪政であったとはいえない。

男尊女卑の傾向の強い中国では、女性の指導者は一般に嫌われていた。因みにロシアのエカテリーナ二世やイギリスのサッチャー首相、またドイツのメルケル首相などは、自国において高く評価されている。欧米とアジアの社会環境の違いによるものか。

ここで、少し脱線するが欧米の女性たちの治世をみてみよう。

エカテリーナ二世は、オスマン帝国（モンゴル系）との二度に渡る露土戦争に勝利して、ウクライナの大部分とクリミア・ハン国を併合して領土拡張の基礎を築いている。三度に渡るポーランド分割を主導して、ポーランドとリトアニアを地図上から消滅させてもいる。また米国の英国からの独立戦争時には、米国への輸出を推進している。

ラックスマンに国書を託して日本との国交樹立をも要請している。「王座上の娼婦」と孫から呼ばれるほどに男性遍歴があったけれども、ロシアでは高く評価されている。おそらくプーチン大統領も高く買っているだろう。

イギリスのサッチャー元首相は、サッチャリズムと呼ばれる新自由主義的な経済改革の基を築いている。ヒース内閣では、教育科学相として教育関連予算削減のために学校での牛乳の無償配給の廃止を断行して、ミルク泥棒と非難されたりもしている。

しかし、ソ連の国防機関紙からは鉄の女と非難されるほどの実行力の持ち主でもあった。植民地時代に関する英国の歴史教科書の記述が自虐的であるとして内容を是正させるなど、教育改革を断行している。現在の日本にとって欲しい人材ともいえる。

一九八二年のアルゼンチン軍による英国領フォークランド諸島への侵攻に際しては、「人命に代えてでも英国の領土を守らねばならない。国際法が暴挙に対して打ち勝たねばならないからである」といって戦艦や戦闘機を派遣してこれを撃退している。

ドイツ史上初めての女性首相となったメルケルは、ユーロ危機やクリミア危機及び欧州への難民危機にも手腕を発揮している。東ドイツ生まれからか親ロシア派であったが、ＫＧＢ出身のプーチンとは対立しており、クリミア危機では厳しく批判している。

一方ロシアのＧ７加入を提案して、成功させてもいる。ドイツの歴史的背景からか、中国重視政策をとっている。

また意図は不明だが、二〇一四年、習近平氏との会談時に新疆ウイグル、内モンゴル、南シナ海、尖閣諸島が清の領域外になっている古地図を贈っている。しかし新華社は後に、その地図を差し替えて報じていた。

ロシアのエカテリーナ二世を尊敬していてオフィスに彼女の絵を飾るほどであった。その心情については量り難い。

さて六代皇帝玄宗は、まず則天《そくてん》武《ぶ》后《こう》が招いた治世の混乱を収拾することになる。均田制が崩壊し徴兵が困難になったために、募兵制（傭兵《ようへい》制）を実施する。また節度使《せつどし》（辺境の地に置かれた軍団の司令官）制度を樹立させて、周辺諸国の統制を図る。

節度使とは今日のアメリカ欧州軍司令官、在日米軍司令官、在韓米軍司令官にやや似た制度であろう。

玄宗の時代に討伐された突厥帝国の再興を狙った安禄山《あんろくざん》（突厥の血を引く武人）による「安史の乱」が起こる。これに対し公主降嫁《こうしゅこうか》によって同盟関係にあったウイグルの援軍を得て、鎮圧に成功する。同盟関係は公主降嫁《こうしゅこうか》によることが最も信頼できそうである。

元首や高官の親類縁者相互の国際結婚による結びつきは、今日においても信頼できそうである。これを広く解釈すると、世界平和や二国間の同盟関係は公主降嫁に依ることが最もうまくいきそうである。

夏と秋に二回税を徴収する両税法が施行される。唐代には辺境の地に屯田《とんでん》、内地に民屯《みんとん》が置かれ、農民を屯田兵として十五歳から黄河北方の防衛に召集して、四十歳まで働かせる制度を実施する。兵役は農民の三人に一人の割合で招集し、租庸調は免除されるけれども武器や衣食は個人持ちであった。

唐代において東アジア全域にわたる冊封体制（華夷秩序）が確立する。

朝貢制度は唐と周辺の異民族との力関係によって、羈縻《きび》、冊封、朝貢、使節の交換・公主降嫁の四種類に大別される。

羈縻は有力者を手なずけて自治を許し、都衛府をおいて統治する方法（突厥関係）。冊封は君臣関係を築いて中国の後ろ盾によって政権を維持させる方法（渤海、新羅、南詔《なんしょう》・チベット系・ミャンマー系関係）。これらの方法は、現在のロシアを中心とした独立国家共同体（CIS）関係に類似する。

朝貢については、君臣関係を前提とした縛りの掛ったものと、物資の上納下賜を通じた交易を主体とする儀礼的な二種類に分けられている（チャンバー、アンコール朝、日本との関係）。日本との朝貢は後者に当たる。公主降嫁はウイグル、吐蕃（チベット）との関係に適用。

こうした朝貢制度による多様な二国間関係は、対象国やそれぞれの部族に合わせて、柔軟できめ細かな配慮がなされている。この関係を、後に欧米諸国が国際法という一定の型に閉じ込めることになる。

『五経正義《ごきょうせいぎ》』（二代皇帝太宗の命で作成された五経の解釈書）を編纂して、科挙受験者に対する儒教教育の徹底を図る。

唐時代は、「貞観《じょうがん》の治」とされて律令の選定、軍政の整備、領土の拡張に成功して帝国が繁栄し、三百年も続く。それでも唐末期には農民からの収奪強化や飢饉《ききん》の発生、塩の専売による塩価の高騰などのために、農民の大規模な武装蜂起「黄巣《こうそう》の乱」が発生する。乱によって唐朝は滅亡に向かう。

いつの世も最後には弱い農民たちが勝利者となるようだ（映画『七人の侍』参考）。なぜなら世は支配者や簒奪者《さんだつしゃ》によって成り立っているのではなく、一般大衆によって支えられているからである。歴史は名もない人々の人生の積み重ねともいえよう。日本には、渤海使《ぼっかいし》が初来日する。最澄・空海や円仁・円珍らの遣唐が実施される。八九三年、遣唐使廃止の一年前、僧中瓘《ちゅうかん》が商人を通じて唐王朝の衰退について朝廷に報告している。

こうした国際情勢に関わる貴重な情報が、遣唐僧によって日本にもたらされた記録は極めて稀である。遣唐使派遣の中止を進言した菅原道真がこの情報を得ていたかは不明である。

当時の遣唐の目的は、ほとんどが軍事抜きの各種文献類や貴重品の入手にあった。その頃の日本はまさに文治主義の世であった。国防意識の低さは、戦後の今日と変わらなかったともいえよう。

阿倍仲麻呂《あべのなかまろ》が科挙試験に合格して唐の高級官僚となって、李白、王維らと交わっている。

宋の時代

九六〇年、太祖（趙匡胤《ちょうきょういん》）が開封《かいほう》（現在の河南省北東部）に北宋を建国する。地方の軍閥政権を平定統合して、地方に配置されていた軍団を削減し、武を重んじていた武断政治から文治優先政策に転換する。

軍団の削減理由は、当該司令官などが上納金をくすねていた理由にもよる。米国が前方展開戦略から本土復帰戦略に転換した防衛構想にも似ている。また唐王朝の滅亡が他国（匈奴）の侵略によるものではなく、自国民の蜂起によるものであったことから、文治政策をより強化したと考えられる。

　科挙試験の最終課程に、皇帝による面接制度を採用する。

　これは菅元首相が、日本学術会議員に対してとった判断に似ている。また、今次ウクライナ侵攻に際してプーチン大統領が各官僚に対して直接意見を聞いたのも同様である。ただし、受験者の自由な意見や批評が許されるか否かで大きく異なる。

　この時代は北方に女真《じょしん》（ツングース系）及び遼（契丹：トルコ系）が控えていて、西方に西夏（タングート族）と吐蕃《とばん》（トルコ系）、南方に大理（タイ系）及び大越《だいえつ》国（ベトナム系）、東方に高麗及び日本に囲まれていた。

　三代天子真宗《しんそう》は北部の契丹《きったん》との戦いで「澶淵《せんえん》の盟」を結んで和議し、朝貢関係を維持するけれども、和議の見返りに銀十万両、絹布二十万匹を毎年契丹に贈与させられることになる。

　また、西夏との争いでも「慶暦《けいれき》の和約」を結ぶことによって、毎年銀五万両、絹十三万匹、茶二万斤を西夏に贈与させられる。

「澶淵の盟」を結んだことで、以後百年以上も平和がつづくことになる。

　ところが一一二七年、女真族の国家「金国」が、「靖康《せいこう》の変」において華北を奪い取って北宋を滅ぼしてしまう。しかし広大な中国大陸への急激な展開は軍事的に不利だと見て深入りせず、華北に傀儡国家《かいらいこっか》（他国の意思で動かされる国家：今日ロシアの傘下にあるＣＩＳ国家類似）を樹立して対宋とのバッファーゾーンにし、それ以上の南進を思いとどまる。

この判断は、日中戦争時の日本軍の戦略よりも優れているといえる。日本陸軍も満洲区域だけに限定した作戦をとっていたなら、その後の日中戦争の泥沼化や太平洋戦争にまで発展することはなかった可能性がたかい。

この金国は、一度元を興したモンゴル人によって滅ぼされているが再興し、後に清帝国を建国する。

四代天子仁宗《じんそう》にいたっては、文治政策による軍事力の低下によって足元をみられ、契丹と最初に約束した毎年の歳幣《さいへい》（和平料）を二十万両に増額させられ、西夏に対しても当初の五万両から二十万両で再講和し朝貢を維持する。

さらに、南宋の初代皇帝高宗に至っては、金国（女真族：満洲に起ったツングース系）との講和「紹興《しょうこう》の和議」において毎年銀二十五万両、絹二十五万匹を貢ぐよう約束させられる。

これは日本が在日米軍駐留経費負担を毎年支払い、なおかつ契約更新の度に増額を求められるようなものである。文治優先政策をとる国家としては仕方のないことである。

外交は譲れば譲るほどますます譲らされるものであることがわかる。今日のロシアに対抗するウクライナやＣＩＳ国家もそうであろう。

いずれも屈辱的な講和であったが、宋としては名を取って実を捨ててまでも平和共存を優先したのである。

現在の日本は反対に実をとって名を捨てている。それは国民全体に未だ独立《どくりつ》不羈《ふき》（独立独歩）の精神が十分に兆さず、国力に見合った軍事力にも達していない理由にもよる。

高宗が江南に逃れて南宋を建国し、初代皇帝となる。当時の宋王朝は和約料として銀や絹などで支払っているが、もし当時流通していた唐銭（開元通宝）や宋銭（宋元通宝）で支払っていたなら、宋の衰退も防げたかもしれない。

ただし宋銭は開元の度に新銭を発行したので基軸通貨とはなり難かったであろう。ドルの基軸通貨（国際通貨）としての重要性がわかる。

因みに、国際通貨（基軸通貨・基準通貨・準備通貨とも呼ばれる）として十七〜十八世紀にかけてはスペインのペソ、以後一九四四年までは英国のポンド、それ以降は米国のドルが一応国際通貨となっている。

このことは、通貨を支配するものが世界を制するともいえる。国際通貨である限り経常収支の赤字額は逆に発行国の利益となるからだ。人民元の価値が上がれば逆にドルの価値が下がるということでもある。中国習氏は人民元の国際通貨化を目論んでいるともいわれている。

ＩＭＦ（国際通貨基金）が世界的に統一した基軸通貨を発行できるなら、安全保障理事会や軍備管理も十分に機能する可能性がある。

遼（契丹）と日本との間には国交はなかったが、藤原宗忠の日記『中右記《ちゅうゆうき》』によれば、一〇九二（寛治六）年に僧侶明範が遼に渡って武器を密売して、多額の宝貨を得たという容疑で検非違使《けびいし》（平安初期の軍事・警察を司る）の取り調べを受けた事が記されている。また、一〇九四（寛治八）年、太宰権帥《だざいごんのそつ》であった藤原伊房《これふさ》が国禁を破って契丹と私貿易を行って正二位の地位を一級降格されたが、二年後には本位に戻っている。特権階級はいつの世も軽い罪で許されるものらしい。

　このことから、朝廷や幕府・政府などから発せられる海外渡航禁止令や交易禁止令及び鎖国令なども、実際どの程度守られていたのか疑問である。しかし井の中の蛙として中に引きこもるよりは風通しがよいといえる。島国根性が是正されよう。

　宋による平和も、文治主義の行き過ぎで文官の権力が強くなって、軍事力の衰退を招いて遂に金国の下風にまで立たされたことで滅亡に向かう。

　日本学術会議制度や日本教職員組合（日教組）などによる文治優先的とも思われる思想や教育の在り方が問われる。それ以前に、教育基本法のよって立つ憲法の在り方がまず問われなければならないであろう。

　金国の下風にまで立たされたことで、周辺国に対する宋の威光が効かなくなり、華夷秩序（国際平和機能）が崩壊する。従来型の冊封を基本とする朝貢システムはここで一旦見直されることになる。

　外交や軍縮条約においては一度譲歩すると次々に譲歩せざるをえなくなる傾向がうかがえる。

ロシアのウクライナ侵攻に対して中国の大阪総領事がツイッターに投稿した「弱い者は絶対に強い者に刃向うな」は自明の理（あたりまえ）であり、日本へ向けての警鐘としてありがたく受けとるべきであろう。またこの言は中国の本音として肝に銘じるべきである。

一方、屈辱的ではあったが文治政策によって長期の平和が保たれたことで、文化文明が大いに発展した。江戸時代に花開いた元禄文化もそうである。宋時代も三百年も続く安定した世であった。

唐代まではアラビアやイスラムの外国船に依存していた遠洋航海を、宋代になって東アジアや東南アジアまでは自製の中国船で往来できるようになる。また多くの文人や政治家をも輩出している。

王安石《おうあんせき》は年間の政府必要物資の種類と量を設定して、人民に生産できない物は要求せず、産するもので代納させて商人の中間搾取を廃し、合理化を図っている（均輸法）。

また、種籾《たねもみ》などを農民に低利で貸し付けて収穫時に返済させることにして、地主の圧迫から農民を救済した（青苗法）。さらには、農閑期に民兵を訓練して戦時に徴集するような「保《ほ》甲《こう》法《ほう》」や、農民に馬を与えて、平時は耕作馬として使用させ、軍事には軍馬として徴用する「保《ほ》馬《ま》法《ほう》」制度などを考案している。

この方法は今日でいえば、パイロットや船員を国家予算によって数多く育成しておいて、平時は民間や官公庁などの各種公的な機関において勤務させておいて、有時には軍用機のパイロットや軍艦・商船の乗り組み員として運用するような考え方である。

宋末期には、文治政策の行き過ぎの反省から宋学（儒学に基づく朱子学）が発展する。司馬光は西郷隆盛の愛読書「資治通鑑《しじつがん》」を完成させて、行き過ぎた文治主義を修正する。士大夫《したいふ》（軍人や保守的官僚）の既得権復活に力を入れて国政の立て直しを図るけれども未完に終わる。

このように、朝貢制度による冊法体制の形成は、図らずも中国の経済圏に諸国を組み入れることにもなったが、中国貨幣（五銖銭《ごしゅせん》や唐銭・宋銭）が中華圏の領域を超えて基軸通貨となるまでには至っていない。これが朝貢制度の弱点ともいえよう。

もともと四書五経の思想や教えは、人の生き方に主眼をおく道徳や礼節的なものであって、西洋的なマクロ経済の考え方は希薄であった。

しかし儒教批判やプロレタリア文化革命、国民の大量粛清などを経て生まれた今日の中華人民共和国は、「徳・礼節」ではなく漢時代の法治主義（人間の本姓は悪であり法でもって縛らなければ制御できない）を標ぼうしている。

また一党独裁と軍事力を背景として、豊富な財源と情報通信技術力などをもって「新朝貢ドクトリン」を掲げて世界制覇に挑んでいるともいえる。

さらに、文治主義の行き過ぎで崩壊した唐や宋王朝の没落を、反面教師として修正してきているようである。

しかし科挙制度によって登用された士大夫による集団指導体制ではなく、個人崇拝と軍事が一体化した国家体制は、第二次大戦時のナチス・ヒトラーやファッショ・ムッソリーニに見られるように帝国主義へと発展しやすい。

日中関係としては、宋使が平清盛に贈り物を届けてきて、清盛が宋に返牒（返書）し、交易が活発化する。一〇一九年、大宰府管内の九州北西部に「刀伊《とい》の入寇《にゅうこう》」（ツングース系女真族による大規模な襲来）事件が起こる。

本事件について藤原実資《ふじわらのさねすけ》の書いた日記『小右記《しょうゆうき》』を参考にすれば、「賊船五十隻、長さ約二十メートル、櫂《かい》三〜四十付け、一船に五〜六十人乗船、陸上では刀を持つ者二〜三十人が前衛となり、これに弓矢と楯を持つ者七〜八十人が後衛として構成された集団が十〜二十隊で編制され長期にわたってあちらこちらで略奪や暴行を働いた」と記されている。

陸上戦闘員だけでも最大二千二百人ほどとなっていて、部隊編成も整然としていることから、かなり戦闘に慣れた種族であったことがうかがえる。

日宋間の朝貢関係

八九四年に遣唐使が廃止され、続く九〇一〜九二三年「鎖国的」政策が制度化された（古代における渡海禁止制の再検討：山内晋次：大阪大学ノレッジアーカイブ・オオサカ）以後は、主として「宋」の官人や商人達による日本への一方的な交易となっていく。

『森克己著作選集』（国書刊行会・一九七五年）によれば、一一七二（承安二）年八月、幸宗より後白河法皇と平清盛に対して国書と国信物を贈ってきたのは、怪しむにたらない（九条兼実日記『玉葉』承安二年九月十七日条）。以降、宋と正式の貿易が始まる。

『吾《あ》妻《づま》鏡《かがみ》』や『鹿児島大学教育学部研究紀要・人文・社会科学編』などによれば、平家の時代に薩摩国の住人阿《あ》多《た》忠景《ただかげ》が勅勘《ちょくかん》（おとがめ）を受けて逐電し、その後河辺《かわべ》通綱《みちつな》が南島（南西諸島）方面に渡海したことが記されている。この頃、薩摩の島津氏は奄美・沖縄を「海外」または「異国」として理解していたようである。

鎌倉幕府が朝廷から「関東《かんとう》御《ご》分国《ぶんこく》」として領地を与えられ、その後、全国に守護・地頭が設置されて鎌倉幕府の礎ができる。

頼朝の死後、「北条《ほうじょう》得宗《とくそう》家《け》」の専制となった幕府は、国内の荘園には未だ律令体制下で制定された国衙領（国領）制度が根強く残っていたので、未整備であった海上交易権に着目し、日宋貿易に力を入れるようになる。

北条氏は、もともと平氏の流れをくみ、清盛が推進した日宋貿易への経験が引き継がれていた。清盛は、歴史的評価は低いけれども、以前の遣隋使や遣唐使とは一線を画し、交易を経済的側面から捉えた鏑矢的存在であった。北条得宗家がそれを引き継いだといえよう。

北条実時《さねとき》（金沢《かねざわ》実時とも）が中心となって築いた金沢文庫（横浜市金沢区所在、室町幕府や徳川家康がかなりの蔵書を持ち去っているが、まだ相当の数を残す）の蔵書や遺文などから、平安末期（一一四四〜一一六〇）の薩摩の守は、平忠度《たいらのただのり》、惟宗国憲《これむねくにのり》、三善行仲、紀《き》久長《ひさなが》（平は平氏派・惟宗は朝廷派）と交互に続いており、朝廷と平氏の間で配置が調整されていたようである。

鎌倉幕府成立前には島津忠久《ただひさ》が守護を務めていた南九州の日向を北条久時《ひさとき》に代え、「比企氏《ひきし》の乱」後には、日向・大隅を関東閥で非得宗家の千葉氏に与え、その後、再び北条得宗家の守護地としている。

また、幕府の高官や僧侶が宋や南島（琉球や奄美大島）に求めた夫人たちの装飾品・嗜好《しこう》品や仏典の目録なども残されている。

さらに、源実朝がその漢学趣味もあってか渡宋を計画して、来日していた陳和卿《ちんなけい》（宋の石工で焼失した東大寺大仏殿の再興に当たっている）に大型ジャンク船建造を命じたが、失敗したとの記録も残されている。

このことは一所懸命と土地にしがみ付いていた鎌倉武士たちには考えつかない発想であり、実朝の人となりや珍和卿との関係を示唆していて興味深い。

尾張国が地元で、頼朝の御家人（家臣）であった千竃《ちかま》氏（『吾妻鏡』によると【承久三年（一二二一）千竃四朗・新太郎が宇治橋合戦で戦死した】）となっているが、後に北条得宗家の家来となって、薩摩河辺郡の地頭代官として現在の愛知県から奄美群島の沖永良部方面を結ぶ海上交易路（シーレーン）の管轄を任されている。

しかし、律令時代に指定されて薩摩や大隅の守護地頭を務めていた前任者と、後任の北条得宗家から派遣されてきた者の間に権限をめぐって争いがあったようである。

鎌倉幕府成立後、名実ともに政権が確立するのは、一二二一年の承久《じょうきゅう》の乱《らん》後とみられる。

この頃の薩南諸島（トカラ列島）は、南宋からの火薬の原料としての硫黄の需要の高まりで高景気に沸いていた。トカラの名称は琉球商人たちによって名付けられたようである。

この頃、南九州から南西諸島にかけての島々は、日宋間の朝貢貿易によって大いに賑わっていた。貿易によって流入した宋銭は国内の貨幣経済を発展させている。

十一世紀末には大宰府に設置されていた鴻臚館《こうろかん》（外国人接待施設）が廃止され、十二世紀中頃には太宰府を通じた管理貿易（朝貢貿易）の面倒な手続きも不要となって、日本籍の大型商船も登場し、その航法能力も大きく向上する。

一二二三年には、飯田備前《いいだびぜん》が執権北条義時《よしとき》に命じられて、日本初の船法度《ふなはっと》（海事法：今日の海洋法）を制定している。

文永元（一二六四）年鎌倉幕府は、太宰府に対してそれまで行われていた「御分唐船《ごぶんとうせん》」の廃止を指示して、以後「建長寺《けんちょうじ》船」として、鎌倉大仏の造営費が日宋貿易で賄われるほど貿易が盛んになる。

太宰府は元来、京都朝廷の権限を執行する機関であったが、次第に鎌倉幕府によって無役に追い込まれていく。貿易船に関税を掛けるようになったのも、鎌倉時代になってからとされる。

北条政権は頼朝から政権を奪ったとして低い評価を受けているようだが、海外交易や貨幣経済への端緒及び国内統治に関する国家としての形成に大きく貢献している。

鎌倉幕府滅亡後、薩南諸島から奄美にかけての島嶼は、再び島津氏の所領となる。しかし十五世紀に入るとその範囲がトカラ列島（薩南諸島）までに後退している。

これは、鎌倉幕府と朝廷派の薩摩藩の間に争いがあって、管轄権が一時あいまいになっていたためとみられる。

その間隙をついて琉球が進出し、奄美大島が琉球の冊封支配下に入ったようである（李氏朝鮮の宰相申叔舟《しんしゅくしゅう》の記述になる「海東諸国記《かいとうしょこくき》」の「琉球国之図」による）。

元の時代

一一二七年、後金（女真族：満洲に起こったツングース系）が北宋を滅ぼした後、モンゴル帝国二代皇帝太宗（オゴタイハン）が後金を征服する。

欧州においては、一二四〇年チンギス・ハンの後裔《こうえい》バトゥが東スラブ人（ウクライナ・ロシア・ベラルーシ人など）の公国であったキエフ大公国を滅ぼして以降同地域を支配する（タタールの軛《くびき》）。

当該地域は一〇〇を超す公国が割拠《かっきょ》（林立）して互いに争っていた。この関係が今日までもくすぶってウクライナ問題にも関係している。

モンゴル帝国第五代皇帝フビライ・ハンが大都（北京）に遷都する。一二七一年国号を元と定め、一二七六年には南宋が事実上滅亡する。

ベトナムに侵攻するが失敗に終わる（白藤江《はくとうこう》の戦い）。続いて樺太に遠征してアイヌ民族を樺太から排除し、引き続いてビルマ遠征を行う。アイヌ民族は樺太周辺に住む少数民族で元にとってさほど脅威とは考えられないが、騎馬民族の徹底した覇権性をうかがうことができる。

元は歴代の中華王朝が実施してきた科挙制度を廃止するとともに朝貢外交も廃止し、従来の中華色（科挙制度に基づく法治主義）を一掃する。

このことは後に、宋と密接な朝貢関係にあった日本との関係にも大きく影響することになる（元寇）。その影響については後述する。

重要官職は、全てモンゴル人が独占し、漢人を排除して色目人《しきもくじん》（ウイグルやサラセン人等のトルコ・イラン系を指す）を重用するとともに、モンゴル人に次ぐ特権を与えている。

この人種差別政策は、モンゴル人が農耕民と交わることによって農耕民族の土着性に慣れてしまって、尚武《しょうぶ》（武を尊ぶ）の気風が薄れることを危惧《きぐ》（心配）したためと思われる。

人材登用においては能力主義を廃して、縁故関係によって高官の子弟や貴族の家門による封建的人事を行う。チベット仏教（インド仏教に近く騎馬民族の放浪性に合致）を国教とする。

シルクロードを通じた対外貿易が振興されて唐時代以来の活況を呈し、パクス・モンゴリカと呼ばれるほどに盛況であった。

それでも科挙の廃止による士大夫（漢人の知識階級）身分の者たちの不満や、同族や兄弟間の帝位争い、宮廷の乱費、さらには黄河治水工事への強制徴発に反発した漢民族の蜂起《ほうき》「紅巾《こうきん》の乱《らん》」などによって滅びる。

対日関係では、一二九九年元使一山一寧《いっさんいちねい》（南宋の臨済宗の僧で和平交渉のために日本に遣わした）が国書を持って鎌倉に来る。以後、建長寺造営料船、住吉社造営料船、天龍寺造営料船などが元に派遣されて交易が盛んになる。この頃から前期倭寇（日本人主体）の活動が活発化してくる。

同時代ベネチア商人マルコポーロが、ローマ教皇の親書を持ってモンゴルにおいてフビライに合う。元によって中断されていた朝貢制度に基づく貿易は、次の明の時代になって復活される。

明の時代

一三六八年、太祖（光武帝・朱元璋《しゅげんしょう》）が南京に明を建国する。周辺には北方にタタール「実は前政権の元の後裔《こうえい》（子孫）であったが漢人がさげすんでこう呼んだ」及び女真（ツングース系）、西方にオイラト（瓦剌《わら》）、南方に大越国（ベトナム系）及び南海諸国（インド・アラビア・アフリカなどの東岸諸国）、東方に朝鮮と日本が控えている。

明と後金（女真）の戦い「寧遠《ねいえん》の戦い」では、明側によって「堅壁清野《けんぺきせいや》」と呼ばれる作戦が実施される。城壁内に味方の人員を全て取り込んで城外を徹底的に焼き尽くして、敵に何も与えず兵糧攻めにして持久戦に持ち込む焦土作戦である。この戦術は日中戦争でも適用されて日本軍を苦しめている。

因みに日中戦争時の南京攻略作戦などにおいても同様の作戦がとられ、逃げ遅れた住民や命令に背いて住み慣れた土地や住居を離れない農民・市民などが数多く残されていて、敵味方入り混じっての乱戦に巻き込まれて犠牲になったであろう。日本軍が城壁を破って突入した際、中国兵は軍服を脱ぎ捨てて市民に紛れ、兵民の区別がつかなくなっていた。

この乱戦時における日中双方の犠牲が南京事件として大きく報道されたのである。

大方の中国人は日本人同様に自分の住む土地や家に強い執着をもっていて、命令に背いて居残った人々がずいぶんいたと考えられる。

太祖洪武帝《こうぶてい》は失った華夷秩序を復活させるために儒教から発展した朱子学を官学として富国強兵政策を打ち出す。まず里甲《りこう》制（魚鱗《ぎょりん》図冊《ずさつ》・賦役黄冊《ふえきこうさつ》）による検地や戸籍・租税台帳による税の徴収を徹底する。軍事面では衛所制《えいしょせい》や軍区を設置して徴兵性を確立する。

次いで朝貢の根幹である国の威風を図るために海禁政策（朝貢交易関係以外の貿易を全て禁止）をとる。ところがいきなり海禁政策をとったために、従来行われていた官貿易や民間貿易も不振に陥ってしまう。

これを解決するために三代皇帝永楽帝は、イスラム教徒で宦官《かんがん》であった鄭和《ていわ》に大遠征航海を命じる。鄭和は大艦隊をもって、七回にわたって東南アジアからインド洋経由アフリカのホルムズやメッカ辺りまで巡航する。これは今日の中華人民共和国がとっている海上における「一帯一路」（真珠の首飾り）政策と似ている。

その結果十数か国が朝貢するようになり、大成功をおさめている。鄭和艦隊の規模は大航海時代の西洋艦隊に比べても巨大であり、周辺諸国に対して明の武威《ぶい》を大いに行き渡らせた。

艦船は全長百二十メートルで九本マストを備えていて、総勢二万八千人の六十二隻で編制されていた。まさに砲艦外交（後のショウザフラッグにも匹敵する）の草分けといえる。当時バスコ・ダ・ガマの外洋船は全長三十メートル、三本マスト、乗員百七十人程度であった。

今日の中国海軍はロシアに多くを学んで建設されていて、大陸国家としての地の利を生かした海洋戦略を企図している。米海軍のように、十隻もの航空母艦を保有して七つの海の支配を目指した海洋海軍の戦略とは異なる。

ロシアがオホーツク海を聖域化（敵を締め出す）して千島列島沿いに対艦ミサイルや水中音響探知機を配備し、ここに大陸間弾道弾を搭載した原子力潜水艦を潜ませている戦術を真似ていると推測される。

すなわち南シナ海と東シナ海を聖域化することによって、ここに原子力潜水艦や対艦ミサイルなどを配備して、米空母戦闘群に対峙する戦術を考えている。

それは大陸を後ろ盾として周辺の島々を不沈戦艦や不沈空母として運用する方法である。従って守勢の戦術ともいえる。

空母の周りを戦艦や駆逐艦・潜水艦で囲んで空母戦闘任務群(CVBG)を編成し、柔軟に移動できる米国の空母運用思想とは異なって、空母の配備隻数は半数程度でまかなえることになる。因みに著者の体験から、流氷観測や海域監視の任務などで、ロシア原子力潜水艦が配備されているオホーツク海の奥深くまで飛行する海上自衛隊哨戒機の搭乗員には、かなりの覚悟が必要であった。ロシア戦闘機のスクランブルを受けるからだ。

冷戦時代の、一九七六年九月六日、ソ連空軍ベレンコ中尉がMIG-25戦闘機で函館空港に強行着陸した。実は亡命目的であった。そのためにソ連軍の奪還作戦に備えるために北海道四周の海上警戒監視飛行が実施された。この任務は特に覚悟を必要とした。

もしソ連戦闘機から撃墜されたり、ソ連領土への強制着陸を指示された場合の処置としてまず優先されたのは、極秘文書や暗号書などを機内において処分することであった。

平時においてもしも撃墜されてしまっても、ロシアは自衛隊機が領空侵犯して警告を無視したから撃墜したと公表するかもしれない。また墜落がロシアによる攻撃であったことが確認されなかったら、操縦ミスか機器故障で片付けられることも可能性として考えられる。

さらに、その危険性は民間機にも及ぶかもしれない。民間機は安全のために民間機であることを示す識別信号を飛行中常に発信していて、戦闘機などと間違えられることはないのであるが。

その例として一九八三年九月一日に生起した大韓航空機撃墜事件がある。オホーツク海や日本列島はロシアにとって対米戦略の東方の国境（前線）となっていることから、例え民間機であっても戦闘機の目標になっている可能性は十分にある（今次ウクライナ侵攻参考）。

かつてのワルシャワ条約機構対ＮＡＴＯとの境界と同じように、北方四島はオホーツク海を聖域化している千島列島を形成して、ロシアの対日米共同作戦を扼する要石《かなめいし》（キーストーン）となっている。

日本はウクライナと同様に狭い海峡を挟んでロシアと国境を接しているのである。

そのために米ロの対立がなくならない限り、またミサイル搭載原子力潜水艦などが無用とならない限り、加えてロシア国民の領土に対する保守的な考え方が変わらない限り、返還交渉は困難であろう。このことを承知のうえで、ロシアとの平和交渉や交易は進められる必要があろう。

同様の戦略思想に立っているとみられる中国にとって、東シナ海を包む台湾や尖閣諸島及び南西諸島の島々はとても重要な位置にあるといえる。

さて一四四九年、大いに栄えた明も、韃靼（タタール）とさげすんだモンゴル（実は以前の元帝国の後裔）との戦い（土木の変）に大敗して、六代皇帝が捕虜になっている。

明もまた軍事費の増大による重税や政府の腐敗、さらに倭寇の出現による貿易収入の落ち込みなどによって衰退し、ついに満州族の女真（後金）によって滅ぼされる。

日本との関係では、明の洪武帝《こうぶてい》が懐良《もりなが》親王に倭寇禁止要請の国書を送っている。足利義満は明との勘合貿易によって、永楽帝政権から膨大な下賜品を得てその地位を固めている。明は天皇の家臣との通交を認めなかったので、義満は太政大臣を辞し、出家までして明の臣下となって勘合貿易を実現させている。

今日でも義満に似たような行動をとっているといえそうな企業家や資産家がいないとはいえない。もちろん公家たち（心ある人たち）は、義満が明から授けられた「日本国王」の指定を喜ばなかったであろう。

一五二三年、大内・細川氏の遣明船同士が舟山群島の寧波で抗争している（寧波の乱）。こうしたことは、国家を代表した企業としては恥ずべきことである。

また今日、覇権的政策や人権侵害問題などに無関心で、中国を太らせている西側諸国のシャイロック的な企業や個人もほめられたものではない。

いよいよポルトガル・スペイン・オランダ・イギリスなどによる欧州列強のアジア進出が始まる。

琉球と明の朝貢関係

洪武《こうぶ》五（一三七二）年、琉球が明に入貢してその臣下となる（『明実録《みんじつろく》』・歴代の明朝廷によって編纂《へんさん》された歴史書）。

明王朝の華夷秩序下に組み込まれた琉球は、その支援を受けて、タイからマラッカ海峡周辺諸国を広域に結ぶ中継貿易の拠点として発展し、王朝国家を形成するまでになる。

明が朝貢貿易の相手として琉球に目を付けたのは、本命の日本が明の望む形での冊封体制（華夷秩序下）に参入しなかったことと、倭寇《わこう》による被害を極力減らすためでもあったと考えられる。

琉球を仲介して本命の日本と交易するために、まず琉球を倭寇と結ばせないように華夷秩序体制に組み込んだ後にできるだけの支援を実施している。

明の洪武帝《こうぶてい》は当時周辺国と原則三年毎の朝貢を契約していたが、琉球に対してのみは「朝貢不時」としていつでも可能であるとして最大の優遇処置をとっている（皇明祖訓《こうめいそくん》による：洪武帝によって編纂された子供への訓戒集）。

明から琉球に下賜された船舶は三十隻にも達し、修理や初期の運行も明側で行っている。交易ルートも泉州、福州、寧波《ねいは》、瑞安《ずいあん》のいずれでも可能として制限されなかった。

この処遇は、今日の国際通商条約の基本である最恵国待遇を超えた特別待遇であり、朝貢制度の特徴とも言える。

もしも今日、二国間でこのような特別の通商関係をもったとしたら、その他の諸国が黙っていないだろう。しかし朝貢制度下においてはこうした柔軟性が許されていて、このことが朝貢制度の最大の特徴でもあった。すなわち朝貢制度は相手に応じて目こぼしや、えこひいきが可能だったのである。

現在の中国がWTOなどの規約を守らないのもうなずけるのである。

現在の中国も、交易国に対してこの手法を用いて自由主義経済圏に挑戦する意図を持っていると考えられる。

ところが、明王朝の後ろ盾を得て商業に専念でき、文治優先主義の国家であった琉球が、薩摩の支配下にあった奄美大島を征伐して支配下におくのである。

その理由は、おそらく奄美大島が倭寇の基地であったのか、あるいは今後基地化される可能性があるとして、明の指令によって服属させたと考えられる。今日にすれば、対艦ミサイルや防空監視レーダーを配備される可能性があるとして、中国から侵攻されるようなものだ。

室町時代に中国の舟山群島の寧波において、大内氏と細川氏の遣明船同士の争いが起こる。それに伴って明と日本との交易が一時中断した際、明は琉球を介して日本に書状を送って交易を再開させている。その際、足利義晴が琉球に対して礼状を送っている。

清の時代

一六一六年、太祖（ヌルハチ：満洲人）が瀋陽に後金国を建国する。一六三六年、二代皇帝太宗（ホンタイジ：姓は愛新覚羅《あいしんかくら》）が国号を清に改める。

満洲族による国家清は、北方に直轄領として黒竜江以北及び満洲を確保し、内・外モンゴルを藩部《はんぶ》（所属地域）に指定して満洲人の長官による統治を実施する。西方に同じく藩部として今日人権侵害問題となっている新疆・チベット・東トルキスタンを確保する。

南方に属国としてベトナム・ビルマ・タイ及び直轄領の台湾を擁し、さらに東方に朝鮮を服属させて一大帝国を築く。

特筆すべきは満洲の地は、漢人の国家ではない満洲人の国家「清」が、帝政ロシアと交わしたネルチンスク条約によって、あらたに獲得された地域だということである。

後に蒋介石は、異人種（満洲人）の国家であった清が外国と結んだ条約は全て無効であるとして、ベルサイユ条約（国際条約）では認められていた満洲における日本の各種権利を認めなかった。

そうであるならば、清とロシア間で結ばれたネルチンスク条約によって、あらたに獲得された満洲の地は中華民国の領土ではなかったということになる。

清は前王朝の元の失敗に学んで、満漢併用制（満洲人と漢人を等しく遇する政策）を採用して、漢人を手なずける政策を実施する。異民族国家ではあったが、歴代の中華王朝が採用してきた儒教を奉じて科挙制度を取り入れ、欧米的な契約（国際法）に基づく貿易を拒絶して朝貢制度の確立を図る。

軍事政策として八旗《はっき》（モンゴル人主体の軍）を重要な地域に配置し、緑営《りょくえい》（漢人の軍隊）

は地方に配備する。また満洲風俗（弁髪）を強制するとともに、キリスト教は儒教倫理に反するとして弾圧する（文明の衝突）。

一六八九年、ロシアとの間にネルチンスク条約を締結する。本条約は清とヨーロッパ諸国との間に結ばれた初めての条約となる。

その四年後に英国のマカートニー使節団が乾隆帝《けんりゅうてい》に面談して、西欧流の貿易関係（国際法に基づく）を望んだ際、三跪九叩頭《さんききゅうこうとう》（一回ひざまずき三回頭を下げることを三回繰り返す）の礼を要求されて断って破断となっている。

英国は既に一六〇〇年、東洋貿易のために商社東インド会社を設立して、手始めにインド侵略を開始する。カルナータカ戦争でフランスから南インドを奪い取ると、引き続いてプラッシーの戦いでベンガル地方の支配権を確立する。

マイソール戦争でマイソール王国を内部分裂させて撃破、マラータ戦争及びシク戦争においては裏工作によって各王国を内部分裂させ、各個撃破《かっこげきは》（それぞれ別個に撃破する）によって全インドを征服して植民地化を達成する。

因みにオーストラリアやニュージーランド、さらには中東なども、同様の手法を用いて次々に植民地化している。各部族の利害関係を巧みに利用して、離間や取り込み・虐殺などによって征服する英国の冷淡かつ巧妙な手法である。

この手法は軍事力を背景として現地の情報収集、分析評価、狡猾な外交術を駆使してなされたことから、今日の英国情報部門ＭＩ６の活動に生かされている。英国の収集した情報の信頼性が高いのは、植民地獲得からえられたノウハウの蓄積によるものと思われる。

　これを機に、英国は西側諸国として初めて、中国に対して朝貢制度によらない欧州法に基づく貿易への先鞭《せんべん》（先に着手）をつけることになる。ただしこれは現在の最恵国待遇に基づく平等なものではなく、欧米のルールに倣う不平等関係であった。

　英国は清国と単独でアヘン戦争を戦い、上海や寧波など五港を開港させ、香港島を譲り受ける（南京条約）。さらにフランスやロシアと共同してアロー戦争を戦い、南京や漢口など十港を開港させるとともに、九龍島《きゅうりゅうとう》南部をも獲得する。

　一方ドイツはアロー戦争には参加しなかったものの、ビスマルクがイギリスに対抗して清国進出に乗り出す。日清戦争時の清国戦艦「定遠」「鎮遠」の造船及びクルップ社による旅順要塞化への協力がなされる。また清国にドイツ・アジア銀行を設立するなど、対清貿易量はイギリスに次いで二位となっている。

　このドイツの中国への協力は、ビルヘルム二世の「黄禍論《こうかろん》」（義和団事件で被害を受けたドイツ人への報復感情）などによって一時冷え込むが、日本の満洲国建国辺りから再び活発化し、ナチス・ヒトラーの時代まで続くことになる。

　ドイツは三国干渉以来、一貫して日本の大陸進出と英国の極東権益阻止を狙って清国に軍事援助や関与を続けているのである。

一九〇〇年の義和団事件の発生に際しては、英・米・仏・露・独・伊・墺・日の八か国が参加して騒乱を鎮圧し、北京への外国公使館の設定、外国軍隊の北京駐留を承認させ、さらに賠償金四億五千万両を清に支払わせている。

これは当時の清国の弱体化と国内の乱れに付け込んだ、欧米列強による傍若無人の行為であった。清国にとっては、日清戦争後の露・独・仏による日本に対する三国干渉に伴う臥薪嘗胆《がしんしょうたん》（非常な口惜しさ）にも勝る屈辱的な行為であっただろう。

もしも習近平氏が清国側の当事者であったなら、必ずやリベンジを誓うであろう。

以後、中国の港湾や枢要な地域が外国に解放され、欧米列強が次々に租借していくことになる。これは華夷秩序（朝貢制度）対欧米の不平等契約（万国公法）との争いでもあった。

特筆すべきは、新興国アメリカは義和団事件（一九〇〇年）後、国家として本格的に中国大陸と交易関係を結ぶことになったということである。

日本が「漢委奴国王印《かんのわのなのこくおういん》」を受けてから一八〇〇年近くも経った後のことである。

このことが今日もなお米国の対中政策に大きく影響していることを知らなければならない。

その影響については後述する。

強制や武力によって結んだ条約や契約を不変のものとして利用する欧米的な考え方から、今日の中国の香港に対する条約違反や中華人民共和国が現在行っている朝貢制度にも似た覇権（中華）政策は、英国や欧米諸国にとって堪忍《かんにん》できるものではないだろう。

かつてのパクス・ブリタニカ（英国）の栄光とプライドがパクス・シニカ（中国）への反発となって、いずれ挑戦へと発展する可能性も否定できない。

中露間には、ネルチンスク条約やアイグン条約及び満洲領有をめぐる、日本を仮想敵国にした清とロシアとの密約があった。

さらには中共のマルクス主義受入れなどの歴史的背景から、中国はロシアに対して、他のヨーロッパ諸国とは大分と異なった親近感を抱いているように見える。

帝政ロシアの貴族制度と皇帝を頂点とした一部特権階級（士大夫）による専制制度の共通性、また中世のロシア諸公国が受けた二百五十年にも及ぶキプチャクハーン国（モンゴル王朝）による支配の歴史（タタールの軛）などが、騎馬民族の脅威に曝《さら》され続けてきた中華王朝の悲哀と相通じ合うものがあるのか。

本来中国はロシアによって脅され、不平等に領土や利権を奪われて来たにもかかわらず、欧米諸国に対する感情とは異なったものがあるようだ。

やがてその清国の属国として独立を阻まれていた朝鮮を挟んで、清と日本との間に戦略的確執が生じ、日清戦争へと発展することになる。

日朝間の朝貢関係

次に、日本と朝鮮半島圏の朝貢関係にスポットを当ててみよう。先述したように漢の時代以前から日本と中国の間には朝貢の記録があり、それによって倭の五王が朝鮮半島南部の軍事、裁判権などを認可されている。

この朝貢は、中華圏の一部である朝鮮半島圏において近隣の秩序の安定を図る小中華構想といえるものであった。今日では朝鮮半島圏安全保障構想とでもいえようか。

当時百済は中国南北朝時代の南朝、高句麗は北朝の朝貢国であったようだ。倭国は、新羅《しらぎ》、任那《みまな》、伽耶《かや》など朝鮮半島六か国の叙任《じょにん》（任命権）が認められていたようである。

南北朝時代になって北朝の隋が中国を統一した際、聖徳太子によって使いが派遣される。この朝貢は従来の朝貢とは一線を画するものである。小野妹子が隋に持参して煬帝の不評をかった太子の書「日出づる処の天子、書を日没するところの天子に送る恙無《つつがな》きや」の表現にうかがえる倭国の気分は、正に「小帝国」を気取ったものだ。

日本は中華帝国を中心とした世界において、地理的にも気分的にも、アウトサイダー的立場にあった。もちろん唐側からは新羅などと同程度の朝貢国とみなされていた可能性もあるが。ただし渤海や突厥などの冊封国（臣下国）よりは一応上位と見なされていたようだ。

六六三年（天智天皇二年）、朝鮮半島の友好国であった百済《くだら》が、唐と新羅《しらぎ》の連合軍の攻撃を受けて、国家消滅の危機に直面した際、日本に救援を求めてきた。百済の消滅は、百済と新羅の対立を利用して任那《みまな》の調《ちょう》（産物租税）を貢納させていたとみられる倭国にとって、朝貢外交の破綻を意味するものであった（地域安全保障の崩壊）。

このため百済の要請を受け入れ、その復興を企図して救援に向かう。しかし日本軍は、朝鮮南西部の錦江河口付近での「白村江《はくそんこう》の戦い」（海上の戦い）で圧倒的に優勢な唐・新羅の連合軍側に大敗する。

「日本書紀」によれば、当時倭国は任那《みまな》（伽耶《かや》諸国）を直接支配し、百済・新羅両国にも進貢させていたようである。

日本は中国（大陸）を中心とした東アジアの秩序世界（縛り）から海を隔てて距離を置いていた結果、その影響は限定的なものであった。そのために外交や軍事政策において自主性が確保されていた。倭国は外交及び軍事政策において「小帝国」（小中華）を志向することが可能であった。

このことは、日本が自己を過大評価する傾向の源流とも受け取れる。それ故に、宗主国（大中華）を差し置いて朝鮮半島諸国家に対して貢納（見かじめ料）などを求めることができたのであろう。

後に米国の戦略家や為政者たちは、この関係をアジア諸国人に対する日本人の優越性の起因として捉えている。特にトルーマン政権時に国務長官を務め、日米安全保障条約の「生みの親」

とされているダレスは、このことを日本人が他のアジア人の国々に対して持っている優越感として捉えていた。

しかしその彼も、日本人の地位そのものは東アジアの夷（蛮族）の枠内に閉じ込めている。彼の根底にある考え方は次のようなものである。「他のアジア人の国々に対して日本人が持っていた優越感を利用して、わがエリートのアングロサクソンクラブに入れるという憧れを餌に西側陣営につなぎ止めるべきである。

また日本人を信頼しきれないというジレンマは、永遠に日米安全保障条約につなぎ止めて、軍事的に従属させることで解決する」というものであった。これが後のボトルネック説を生むことになる。

奈良、平安に続く鎌倉、室町、戦国時代の遣使や朝貢の態様は、明らかに文化の摂取と交易を目的とするものであったといえよう。ただし室町期は多少異質ではあるけれども。

しかし漢時代から連綿《れんめん》（長期に渡って）と引き継がれてきた東洋的で曖昧《あいまい》さのある日中関係から、中国側では一貫して君臣関係の朝貢（冊封）とみなしていた可能性がある。そのような節が中国高官などの言動から感じ取れる。

朝貢などに絡む唐と新羅の連合軍との戦い、「白村江の戦い」の敗戦によって、以後大陸からの脅威が差し迫った倭国は、領土や周辺領域の防衛強化の必要性を強く認識させられる。

ここで初めて島嶼国家としての自らの位置と分限を認識させられたともいえる（やはり外圧

によって）。

このように昔から日本は外国の脅威に対しては鈍感であった。同時に自国を実力以上に評価する傾向があったことをも銘記する必要がある。

今日に至る日朝関係

日本はロシアや中国大陸からの脅威に備えるためのバッファーゾーンとして、従来から朝鮮半島の独立と諸国家の近代化を望んできた。日清戦争の勝利によってそれに成功し、十分な支援もしてきた。

朝鮮半島は後漢時代に高句麗が朝貢して以来、隋・唐・元・清によって冊封や属国化され続けてきた。

一三九二年、もと高麗《こうらい》の武官であった李成桂《りせいけい》が下剋上によって高麗王を廃位させて明から冊封を受けて高麗国事になって李氏朝鮮の創始者となる。彼は倭寇の撃退にも功績があって銅像が建てられている。

一五九二～一五九八年の豊臣秀吉による文禄・慶長の役（朝鮮では壬申の乱・丁酉の乱）では、李舜臣《りしゅんしん》が亀甲船《きこうせん》で日本水軍を撃退している。

一六〇七年、徳川将軍のもとへ通信使が派遣される。一六三七年に清に服属し、属国となった李氏朝鮮は、中華政策をとる清帝国の意向を受けて厳しい華夷秩序を踏襲するようになる。

一八六三年、大院君《たいいんくん》（興宣《こうせん》）の次男であった李載晃《りさいこう》が第二十六代王となるが幼少のため大院君が摂政となる。また載晃は政治性に欠けていたために、長期間にわたって大院君と載晃の妻の閔妃《みんぴ》の間に主導権争いの政争を招くことになる。

一八六八年明治維新のなった日本政府は、新政府の樹立通告と維新の成功体験を前提として、華夷秩序に縛られないで欧米の万国公法に基づく両国関係を求める国書を朝鮮に送った。

しかし「西洋風な蒸気船に乗って来て、しかも西洋服を着ている」ことが儒教精神に基づく華夷秩序に反するとして拒否される。その朝鮮も実は、日本同様に半島圏の小中華を気取っていたのである。

その後何度も交渉するが拒否される。

ほどなく一八七一年、アメリカ艦隊が江華島砲台を一時占拠して朝鮮側に奪還されるという事件が発生する。この事件によって門戸開放交渉はますます難しくなる。その後岩倉使節団の洋行もあって、交渉は棚上げ状態となる。

そのうちに外務省官吏等の働きかけで朝鮮所在の日本公使館（元対馬と朝鮮間の交渉窓口であった）経由での接触が試みられるが、逆に公使館への食糧供給停止や日本商人との貿易活動が停止されることになる。

こうした朝鮮側のかたくなな対応に対して日本国内に征韓論が芽生えてくる。

「征韓論」は西郷隆盛が唱えたとされているが、必ずしもそうではない。西郷は朝鮮を良導する（体を張って説得する）つもりであったかもしれないが、陸軍大将の地位についていたために勇ましい征韓と結び付けられたのであろう。

なかなかこちらの意図を理解してくれない朝鮮や中国に対して日本国内世論は、「脱亜入欧《だつあにゅうおう》論《ろん》」に傾斜していく。

遂に海軍大輔《だいふ》川村純義等の建議を受けて二隻の軍艦が朝鮮沿岸に極秘裏に派遣される。その後も測量目的で数回にわたって派遣される。

こうした情勢下明治八年（一八七五）九月二十日、江華島砲台から砲撃を受けて交戦状態となる（江華島事件）。事件終結後、江華島条約（日朝修好条規：一八七六年）が日朝二国間において結ばれる。その第一条に「朝鮮国ハ自主ノ国」と明記されて条約上朝鮮は清の属国から解放されたことになった（ただし清は認めていない）。

本条約締結後、一八八二年宗主国清の斡旋によって「米朝修好通商条約」が締結されて名実ともに朝鮮の鎖国政策は撤廃される。この条約は米朝間で交わされたのではなく、米国と大清帝国間で交わされた条約案文を朝鮮側が事後承認する形で締結されている。

清の李鴻章《りこうしょう》は朝鮮は依然として清の属国であることを案文に明記しようとしたけれども米側が拒否し、朝鮮側から清の属国であることを認める文書をあらためて提出させるよう要求している。

本条約締結後朝鮮は宗主国であった清の干渉（認可）を受けて欧州諸国と次々に条約を結ぶことになるが、これが不平等条約（最恵国待遇ではない）の先駆となってしまう。米国と交わした条約には「斡旋《あっせん》条項」として第三国（日・中・露等）に脅された場合、米国に助けを求めることができると明記されていた。しかし米国は何度も助けを求められたが応じることはなかった。

同年親清派と親日派間の争い壬午《じんご》の乱（京城事変）が起こり、清国が朝鮮への内政干渉を強める。一八八四年、親日派によるクーデター、（甲申《こうしん》の乱）が発生する。これは科挙試験に合格した開明派の金玉均《きんぎょくきん》を中心とした近代化運動であった。

彼は儒教を基本とする朱子学にどっぷり浸かっていた朝鮮の文明開化を望み、高宗の勅命を得て日本に留学し、福沢諭吉の支援によって慶應義塾に居候する。諭吉の斡旋で井上馨から借款して朝鮮人の日本留学を進める。また朝鮮で初めての新聞発行も手がけている。

しかし何百年と中華帝国の冊封下で染みついた儒教の鎖は固く、陋習《ろうしゅう》（望ましくない習慣）を破ることはなかなか困難であった。後に玉均は閔妃《みんぴ》の指示によって、金正男のようにして上海で暗殺されている。後の開明家の金大中元大統領でさえも、日本国内から拉致されて暗殺されかけている。

欧米に対抗できるアジアの仲間として朝鮮や中国の近代化を望み、多くの支援をしてきた有意の人々でさえもとうとう諦めてしまうほどであった。

アジアにおいて傍若無人に振る舞う欧米諸国を目の当たりにして、時代遅れのアジア諸国やアジア人のために何とかしなければと思いつめた福沢諭吉たち積極進取の意志を持った文化人たちの真心は残念ながら行動を起こすまでには至らなかった。

一方至誠を旨とする言行一致で多感な行動派の為政者や軍人たちは、当然「征韓」を持ってでも何とかしなければとなったことであろう。

一九〇五年、日露戦争末期に結ばれたタフト協定によって、米国は日本の韓国併合を黙認する形となっている。当時既にリベラリズムの発達していた米国でさえ、朝鮮の現状に対してはそうだったのである。

第二次世界大戦後、一九四八年八月十五日に韓国が、ひと月遅れの九月九日北朝鮮がそれぞれ建国されるが、建国後まもない一九五〇年六月、突然北朝鮮が韓国に侵攻し、朝鮮戦争が勃発し自ら南北に分裂する。

その戦いは北朝鮮の金日成が半島の共産化を狙ったもので、スターリンや毛沢東らも影で関与した可能性がある。この戦いに国連軍を主導して戦った米軍は非常な苦杯を喫することになる。

韓国及び北朝鮮にとっては、従来どおり中国の華夷秩序（属国）の下、親露政策をとりながら儒教の教えに従ってのんびりと暮らしていたほうがむしろ居心地がよかったのかもしれない。日本によって近代化した競争世界に無理に引き出されたために米中露の間で戸惑い、余計なことをしてくれたと思えるような態度をとっているような韓国の姿がそこにある。

韓国の近代化への歩みが韓国併合の道に至る最大の要因は、ロシア・清国・米国・日本間の満洲における鉄道権益をめぐる争いにあった。鉄道権益をめぐっては日露間に一日の長があり、日露の了解が先にあって次いで後手の米国と日本の間にも合意がなされたのである。呉善花《オソンファ》著『韓国併合への道』（文芸春秋：平成十二年一月二十日）によれば、「韓国人の内部に近代民族国家建設というテーマが生まれるには、日韓合邦論は避けて通ることのできないプロセスとしてあった。

いまだ併合をもたらした自らの側の要因への徹底的な解明への動きがはじまってはいない。それは韓国がいまなお「李朝の亡霊の呪縛」から完全に脱することができていないことを物語っている」と。

「李朝の亡霊」とは、中国の明や清による五百年にわたる属国（冊封）下で培った朱子学（儒学）の教えや科挙制度による旧来の陋習《ろうしゅう》のことであろう。

近年の韓国の反日世論は、歴代大統領（金大中氏を除く）が支持率アップのために政争の具として安易に利用したことが起因している。

これは「李朝の亡霊」ほどではないにしても、次世代を担う有為の若者層にかなり浸透したはずである。それによって今後の政権も、日韓関係において自縄《じじょう》自縛《じばく》（自分で自分の首を絞める）の状態に置かれることになろう。

こうした対日政策が、近年のわが哨戒機への「レーダー照射事件」や「旭日旗問題」「竹島問題」

「徴用工問題」などへと発展している。自分で蒔いた種は自分で刈り取らせるのが良策である。

　これらのことから韓国が自ら悟り、名実ともに近代国家（普通の国家）になるまでは日本は静観すべきであり、決して途中で手を添えたり口を入れるべきではない。これまで何度もあったように火の粉をかぶるだけであり、余計なことである。

　国防上の観点からすれば、韓国は地政学的にも経済の面でもなお日本にとって、中露や北朝鮮への防波堤として重要であり、今後も不変であるとされてきた。

　本当にそうであったか、一度でも韓半島が元帝国やロシア及び中国大陸からの脅威の防波堤になったことがあったか。歴史に照らして再検討の必要があるのではないか。

　付き合い難い相手ではあるが、中露との朝貢ブロックに入ることなく独立国家でいることが望ましいことだけは確かであろう。

　ところが最近、韓国は産軍複合体（産軍融合政策）に大きく転換し、ポーランドなどへの武器輸出など、軍事大国を目指そうとしている。日韓関係が逆転する兆しかもしれない。

　これは旧態依然として変われないわが国へのありがたい韓国からの外圧として受け取るべきであろう。本格的な航空母艦や原子力潜水艦の保有について、韓国の後塵を拝する可能性がある。そうなったなら、間違いなく韓国は、わが国にとって大きな脅威となる。

　平和に現《うつつ》を抜かしていたら、いつの間にか先を越された感がある。対中政策を念頭に置いた現状では、パートナーとしてはむしろ台湾のほうが信頼でき、かつ頼りになるかもしれない。

だが本省人と外省人からなる台湾も決して一筋縄ではいかないことは銘記されなければならない。いずれにせよ、まずはわが国自身がその身にふさわしい防衛力を備えることであろう。

米台湾関係

朝鮮戦争の結果、共産党中国の脅威を初めて認識した米国は一九五四年、米華相互防衛条約を締結して台湾政府との間に軍事同盟を結ぶことになる。以降一九七九年までの二十五年間にわたって、大陸の中華人民共和国とは国交を結ばなかった。

日中戦争時の米国のとった反日政策が、戦略的で冷静な判断を欠いて一時的に経済発展中心の政策に傾いたことが、戦後のつけとなって返ってきたのである。この傾向は繰り返されることになる。

新中国の中国共産党（中共）は、一九六五～六九年の間に、ベトナム戦争に介入し、北ベトナムに九万丁のライフルや空軍を派遣して三十二万もの中共軍兵士が米軍と戦ったとされている。これに反発した米国は中共の国連加盟に強く反対し、日本も米政府の要求をのんで国交樹立に消極的であった。

一九六四年中共が原爆実験に成功する。当時のジョンソン大統領は、中共の核実験を止めさせるためには中共への先制攻撃をも辞さないとの考えだったとされている。以来、米中間でジュネーブやワルシャワにおいて一三六回にわたって大使級の非公式協議が行われるが、大きな進展はみられなかった。

朝貢制度の特徴

華夷秩序下における儒教精神に基づく朝貢制度は、最後の清王朝の時代に至ってキリスト教諸国の万国公法と鋭く対立する。

中華圏における秩序とは、中華（文明国）から夷（非文明国）に施す人間（皇帝）の与える「徳・礼節」によって支えられていた。徳を垂れる主体はあくまでも人間であって神ではない。五経の「礼記」の説く大学・中庸の精神、すなわち身を修め、バランスの取れた性格を持って国を治め、平和な世を築くという考え方が本来の徳の姿であろう。帝王学であるともいえ、また個人の充実への道とも受け取れる。本来そこに上下関係は存在しないはずだが、当時の四周の夷の諸国（野蛮国）は非文明で言うことを聞かないと判断されたことから、一方的に押し付ける形になったと考えられる。

しかし大航海時代のスペインやポルトガル、その後のオランダ・イギリス・フランスが東アジア諸国（非文明国）などに対してとった、徳や礼節を欠いた交易関係は、それ以上に不平等かつ理不尽なものであった。

それでも華夷秩序は上位から下位へ一方的に垂れる施しとしての徳や礼節であって、理念としては立派であるが、皇帝や高官（士大夫）の身勝手な考えとも受け取れる統治でもあった。従って外国や国内の農民（庶民）たちの真に望むところは視野からはずれがちで、十分に反映されているとはいえなかった。

農民（庶民）を愚者と見做し、一方的に上から押し付ける施しとしての善でもあった。そのため庶民の啓発の進行が遅く、しかも庶民はわが身は自分で守らなければならないために、いきおい利己的な個人主義に走ることになる。中国の農民は漢の時代からそんなに変わっているとも見えない。

四書五経の説く「徳」は士大夫（特権階級：貴族）のものであって、農民とは無縁のものであった。もし農民（大衆）が十分に啓発されていて、今日の平均的日本人のように個人の欲求や考えを王朝（政府）に対して自由に要求していたとしたなら、中華帝国は成り立たなかったであろう。それが中国のアキレス腱でもある。

福沢諭吉の言う「一身独立して国家も独立する」は、日本のようにこじんまりとまとまっていて国民が適度に啓発されている国家についていえることであろう。

中国のような多民族で膨大な人口を抱えた国家においては、適用が極めて困難であろう。故に力で国民を抑えつける強権政治（一部エリート官僚による政治）に由《よ》らざるを得ない。すなわち「由《よ》らしむべし知らしむべからず」（理由など不要でただ命令に従わせればよい）の治世とならざるを得ないのである。

ケネディ大統領でさえも、国民に向かって「国が何をやってくれるかではなく、国のために何ができるかを考えてくれ」と言っている。米国も様々な人種が入り混じった坩堝《るつぼ》と言われるほどに多民族国家となっている。

多民族国家において自由民主主義を貫いたままグローバル化し、多様化する社会での国家運営の難しさを吐露した言葉である。

「徳や礼節」の真の効用は、受け手がそれをくみ取って初めて成立するものであり、官民、上下、貧富の相互の心の中に響き合う「徳や礼節」こそが、儒教を背景とした「四書五経」の説く「徳や礼節」の本来の姿であると考えられる。

日本は、この「徳や礼節」を自然宗教といえるほどの柔らかな受け取り方によって、上（天皇や為政者）と下（人民や国民）の間に電流が通じ、上下貴賤《きせん》の境を超えて国家機構が比較的うまく機能してきたといえるであろう。

もちろんその電流は交流であって直流ではない。科挙制度ほど厳しいものではなかったが、いやむしろ厳しくなかったが故に、庶民のほとんどが徳や礼節を常識として柔らかく受け入れられるほどに適度に啓発され、中庸（譲り合いの精神）を身につけていたからである。

それは各藩、各村落毎に設けられた個人経営や寺小屋のような教育機関によるものであった。そのルーツを辿れば万葉集から源氏物語や枕草子に始まって、さらには草双紙《くさぞうし》やアニメの世界にまで行き着くかもしれない。このことは、女性の地位が低く抑えられていた中国との大きな違いでもある。

中国と異なって、国生みの神を女性神天照大御神《あまてらすおおみかみ》としたことも、日本にとって男性の野心や唯我独尊《ゆいがどくそん》的（わがまま）な性情を和める最善の方策となったと考えられる。このことが「和」の根本にあると考える。草の根の教育の大切さをも評価されなければならない。

その日本も現在、中華帝国を文の側から支えてきた科挙制度による士大夫的組織ともいえる日本学術会議などの在り様、さらには国防や国難に関わる憲法改正問題の放置など、中華帝国を衰退に導いた文治至上主義に似たような世情を呈してきている。

このエリート階層と中間及び低所得層間の国家に対する意識と処遇の開きは、国民国家の形成を危うくする。

その第一の起因は米国がとった敗戦後のわが国に対する属国化と弱体化工作にあったと考えている。それは李氏朝鮮と清国との関係以上に国家を骨抜きにする効果があった。敗戦直後の日本は、デジタル性と気落ちもあってそれを善しとして自ら受け入れたのである。

いつの間にか、それが習い性となって、明や清帝国の支配下にあった李氏朝鮮のように、独立独歩で積極進取の気概を希薄化させてきたのである。

国に対して何ができるかではなく、まず国が何をしてくれるかを当たり前と考える人々が増えてきている。これは旧ソ連の共産主義下にあった、コルホーズといった国家経営の集団労働組織で働いていた労働者たちの考え方であり、ソ連を崩壊させたのである。

今日、どの国がその日本に独立せよと叱《しっ》咤《た》激《げき》励《れい》（外圧）してくれるのか。

残念ながら未だ自助努力によって変革しそうな世情にあるとは思えない。もっともロシアや中共及び北朝鮮のような国が、四周に存在しなければ目くじらを立てていうほどのことではないかもしれないが。

東アジアや中央・東南アジアにおいて朝貢制度に基づく外交関係が途絶して久しい。二百年～三百年と続いた漢・唐・宋・明・清帝国のそれぞれの治世に比べれば、現中国共産党政権や第二次大戦後の世界はまだ七～八十年程度しか経っていない。

だとすれば、朝貢制度によって維持されてきた広域にわたる中華王朝の平和維持政策（華夷秩序）は完全なものとは言えないにしても、うまく機能していたと認めざるを得ない。

実は日本の現状も韓国やオーストラリア・ニュージーランドなどと同様に、米国とはかつての朝貢関係にあるともいえる。

国防や外交方針さらには貿易政策などに関して、真に自由が確保されているとは言い難い。米国との貿易摩擦における一方的な制限や米軍の駐留、それに伴う地位協定、在日米軍駐留経費などの供出、さらには独自外交への制限などがそうである。

ただし米国との関係は、徳や礼節の代わりに理性をもって機能する議会が存在する。しかし、それが徳に勝るものであるかどうかは未だ図り難い。

歴史の教訓から二国間の同盟は公主降嫁によることが最も有効であると思われるが、大統領制ではかなわない。英国との間では可能であるが。

中華王朝がこれまでに行ってきた朝貢制度は、大陸に勃興したそれぞれの部族や国家に対して、かなり効果的な安全保障システムとして機能してきたといえる。

第二次大戦後の冷戦期におけるソ連を中心に共産主義諸国間で展開されたＣＯＭＥＣＯＮ（経済相互援助会議）やＣＩＳ（独立国家共同体）よりも柔軟性があり、効果的かつ持続的であった。

また国際貿易の自由化を目的に作られたガット体制を発展させたＷＴＯ（世界貿易機関）なども、それを凌駕する米国の国際貿易委員会の設置や中国の我が儘などによって十分に機能しているとはいえない。

国際連合やＮＡＴＯにしても各国の思惑の違いや米・露・中の意向を無視できず、国連の各種機構や機関も各国の利害に左右されやすく満足に機能していない。何よりも国連機関はロシアのクリミア侵略やウクライナ侵攻にはほとんど機能しなかった。もちろん北朝鮮の横暴に対してもである。

元寇以前の海外との戦い

天智天皇の御代に起こった「白村江《はくそんこう》の海戦」「刀伊《とい》の入寇《にゅうこう》」、鎌倉時代の「文永・弘安の役

（元寇《げんこう》）」などが日本と海外との主な戦いであった。

「白村江の戦い」では、相手の新羅《しらぎ》はともかく大唐をも相手にしての戦いであり、しかも戦場が海を隔てた朝鮮半島なので、発進地や兵站《へいたん》（補給）基地は当然日本本土となる。従って補給経路は海路となる。今日では空路も含まれるが。

その結果、日本海の制海権の確保が必要になり、海戦が初期及び継戦のための主要作戦となって、海軍力の優劣がまず問われることとなる。

当時の和船は唐船（多数の隔壁《かくへき》を有し堅固）に比べて、構造も脆弱《ぜいじゃく》で小型でもあった。一方唐・新羅軍は、陸路を介して兵力や物資の補給は思いのままである。唐側とすれば優勢な海軍を配備して待ち構え、対馬海峡を渡って来る日本船団を沈めるだけでよかった。

倭国は着上陸戦に必要な事前調査、例えば会敵を避けるための上陸適地調査や、敵の動向及び友軍百済との連携などを十分に行った形跡が認められない。押っ取り刀で駆け付けた感をぬぐえない。日露戦争におけるバルチック艦隊と同じようにして、和船は次々に沈められほぼ全滅してしまっている。

相手の能力と我の能力とを比較検討して作戦を立てた形跡も確認できない。しかも、戦いの前年に唐の煬帝が百済・新羅の後方に控える高句麗《こうくり》遠征に失敗した情報を活用した形跡もない。（例えば高句麗軍による後方かく乱など）。当時高句麗は唐に対して自信と恨みを抱いていたはずである。これを利用する考えもなかったようだ（情報不足）。

それでも一回戦敗退の後、一億総玉砕《ぎょくさい》（全滅覚悟）などと唱えずに、兵力や予算の逐次投入を控えて国内の守りを固めたことは評価される。一旦始めたら収集がつかなくなり、支離滅《しりめつ》裂《れつ》の状態に陥りがちな日本人の弱点は抑えられている。

当時、百済の王子余豊璋《よほうしょう》が人質として日本にいたことから、彼を百済国王に任命して、一応大義名分を立てて戦いに臨んでいる。この手法は後に満州国建国にあたって、溥儀《ふぎ》を皇帝に立てて臨んだことに通じる。

司馬遼太郎は、韓国の元文化相李御寧《いおりょん》との対談で、「白村江の敗戦で百済の障壁がなくなった以上、新羅・唐の連合軍が日本に攻めてくる。どうしてそんなことを考えたのでしょう。防衛ヒステリーだとしか思えません」（司馬遼太郎対話選集9『アジアの中の日本』：文藝春秋・二〇〇六年）。しかしその後、新羅賊徒の博多津来襲や「刀伊《とい》の入寇《にゅうこう》」・元寇など朝鮮半島からは度々攻撃を受けているのである。

因みに一〇一九年（寛仁三）四月十七日、内裏において公爵らが臨時の任官式を行っていた最中、大宰府からの急使が「刀伊賊の襲撃」を報告した。翌日になってその対策が協議され、要所の警護、防御と神仏への祈祷《きとう》が太宰府に指令された。

実は賊が対馬を襲ったのは三月二十八日であり、二十日も経っていた。対馬は島司以下全滅して壱岐の防人たちが奮戦したが及ばず、大宰府に通報したのが四月七日であった。太宰府権帥《ごんのそつ》藤原隆家《ふじわらたかいえ》が追討指揮をとって奮戦の末に撃退している。

その際隆家が、追討の限界を壱岐・対馬までとして、新羅との境界に入らないよう指示していることは評価される。小規模のいさかいから、みさかいなく日中戦争にまで突入していった旧陸軍の作戦に勝る。

朝廷は第一報が入った時点で、勲功者に対する行賞を決定し太宰府に通達していた。事件解決後、太宰府から論功行賞の申請がなされ、六月二十九日に議題となった。席上大納言藤原公任《きんとう》と中納言藤原行成《ゆきなり》の二人が追討命令が発せられたのは四月十八日であり、事件は四月十三日に既に終結していたので上申の戦功は発令以前であるから功章に当たらないと主張している。

このように外敵の侵攻に対して加持祈祷（憲法の神性化に同じ）や前例主義及び武を軽視する朝廷（政府）の対応は、昔のこととして片付けてはいけない。

しかも二十日も前に既に戦闘が始まっていたにもかかわらず、急報のあった翌日になってから対策会議を開いている。尖閣諸島対処や大規模災害対応などへの他山の石ともなろう。

続く鎌倉時代には元が高麗を従えて襲撃（元寇）して来たのである。元寇に関しても、文永四年（一二六六）に関白にまで昇進した近衛基平《もとひら》が、元（当時は未だ蒙古《もうこ》）の使者と初めて折衝した（基平の日記『深心院関白記《じんしんいんかんぱくき》』による）際、これまで通りの緊密な日宋関係（朝貢貿易）を続けることが、将来日元関係に悪影響を及ぼすであろうことが予想されたにもかかわらず、そのことを軍事担当の鎌倉幕府に通報し、調整した形跡が認められない。

その後一二六八年、第一次元寇「文永の役」の起こる六年前、高麗使「藩阜《はんぷ》」が蒙古国書をもって太宰府を訪れている。同じく文永の役の三年前にも蒙古使「趙良弼《ちょうりょうひつ》」が太宰府に来ている。それでも朝廷（政府）は和解に向けた交渉をした形跡が認められない。

そうこうしているうちに、遂に一二七四年の文永の役となる。翌年元使として直接鎌倉に来た「杜世忠《とせいちゅう》」は鎌倉竜ノ口において、執権北条時宗の命によって斬首されることになる。

第二次元寇の「弘安の役」の起こる三年前には、元は日本商船との交易を許可している。にもかかわらず同年元使「周福《しゅうふく》」が博多で斬首されることになる。

これらのことから元は、単に日本憎しだけで攻撃を仕掛けてきたとは考えにくい。和平交渉の余地は戦いの前と中途にも十分あったのである。

日蓮は、こうした外患《がいかん》（外国との争い）の情報を商人たちから得たのであろうか、第一次「文永の役」の起こる以前に、執権北条時宗以下十一個所に外寇《がいこう》（外国から攻めてくること）を警告する文書を送っている。『高祖遺文録《こうそいぶんろく》』（小川泰堂《おがわたいどう》記録）にも同様の意味のことが書かれているようである。

当時の朝廷や鎌倉幕府は、あれほど盛んに宋と朝貢貿易をやっていながら、宋が北方異民族の遼・西夏・金などの周辺諸国に侵略・侵攻されて、北宋から南宋へと追われたことや、さらに蒙古による高麗征服及び文治政策で弱体化した南宋への侵略が既に始まっている情報を入手していないようである。

従来のわが政府の対応ぶりなどから判断すると、情報は得られていたが対応しなかった可能性も考えられるが。

日本商船の乗り組員や商人たちは、交易を通じてうすうすそのことを知っていたようである。後の第二次世界大戦時における、欧州情勢に対する情報不足から押っ取り刀で三国同盟に走って太平洋戦争を呼び込んだ情勢判断と変わらない。

元が日本侵攻に踏み切った理由は、北条政権の日宋貿易の振興にあった。日宋間の盛んな朝貢貿易関係を、元側は「君臣関係」として受け取ったことであろう。元は遊牧騎馬民族であり、西洋諸国と似たプラグマティックな思考法をもっていたと考えられる。

例えば天皇の訪中や議員集団の安易な訪中などのアジア的な儀礼関係を、華夷秩序に倣った君臣関係であると単純に理解したと思われる。そのために、現在自分（元）が戦っている南宋と日本が連合して向かって来る可能性があると判断したのだろう。

先述の近衛基平が、そのことを理解して、蒙古の使者との外交交渉において、日宋関係は単なる貿易だけの繋がりであり君臣関係ではないと説明するか、例え嘘でもいいから元に従うと言っていたなら、元寇はなかった可能性が高い。

しかし基平にすれば、情報不足（もちろん怠慢による）から、大国である宋が蒙古などに負けるはずがない。宋を信じておれば安泰だと決めてかかっていたのかもしれない。

外交権を持つ朝廷と軍事を担当する鎌倉幕府の間が、横の連携のない縦割りの組織であったことも致命的であった。しかも両者は相当の距離をおいて離れていて、意見交換などできるはずもない。こんな時にこそ、現在の国家安全保障会議（ＮＳＣ）に相当する場を組織して国難に立ち向かうべきであった。

朝廷と元使との数度の事前会見にもかかわらず、調停は進展せず、元側の誤解が解かれないままに、使者が直接鎌倉に向かったことから後戻りできない状況に陥ったのである。

征夷大将軍（防衛大臣）には外交権がなく、また軍は弱みを見せられないのである。

このことは、太平洋戦争前夜のハル・ノートによる交渉経過と、米政府の天皇への最終親電を握りつぶした陸軍の処置を彷彿させる。

軍事力を持たない朝廷（シビリアン）は、代わりに戦略と狡猾な外交術で武装すべきである。朝廷がその役割を自覚して鎌倉幕府に戦略的助言をしていたならば、北条時宗も若死にせずにすんだかもしれない。また太平洋戦争における「神風特攻隊」の発想も生まれなかったかもしれない。

朝廷（政府）は、国内政治においては時の幕府（国民）を相手に手練手管を存分に発揮していたようであるが、対外国相手には我関せず、「紅旗征戎《こうきせいじゅう》は我が事に非ず」（国家間の争いごとには無関心）の対応だったようだ。今日のわが国への警鐘ともなろう。

第三章　日清・日露・大東亜戦争から太平洋戦争へ

ロシアの満洲進出

満洲の地は、中国東北部の旧地名で、現在の遼寧省、吉林省、黒竜江省を含んだ広大な地域である。今日では中国の黒土地帯（非常に肥沃な土地）として将来の食料庫として期待されている。

当時の満洲族は、シベリアやアムール川流域からサハリンにかけて分布するツングース系に属する民族で、中国の漢民族とは異なる。

満洲の地に興った土着系とされる民族の国家として、高句麗《こうくり》、渤海《ぼっかい》、金（女真《じょしん》族）、清国を建設した女直《じょちょく》（女真）などが挙げられる。またモンゴル系の契丹《きったん》（遼）が同地を支配したこともある。

一六八九年、満洲人が中国に建国した王朝「清」とロシアとの間に交わされたネルチンスク条約によって、満洲は正式に清国の領土となる。

満洲は日清戦争以前には未だ人口のまばらな未開の地であった。

ところが、戦争の混乱が反対にビジネスチャンスとなって、戦後漢人の移民が激増する。一《いっ》攫《かく》千金を目論む野心家や徒党を組んだ盗賊団などが、清国中央部から新地を求めて満洲に移り住むようになる。

これを契機として漢人を中心に朝鮮人、白系ロシア人、ユダヤ人、イスラム教徒など周辺の各種民族の移住が始まる。

満洲が経済的にも大きく発展するのは、ロシアが三国干渉によって日本から遼東半島を奪って東清鉄道の建設を始めた頃からである。

清国は、イギリスはもとより三国干渉の結果、ロシア、フランス、ドイツなど欧州列強の中国進出によって、広大な国土を分割侵蝕されることになる。その結果、西洋人と漢人、さらに漢人と満洲人と、入り乱れて争う国内騒乱状態となり満洲の地まで手が回らなくなって放置される。

一七四〇年、満洲の地は清政府によって愛新《あいしん》国創業の地（満洲人の故郷）として封禁《ふうきん》（立ち入り禁止）地域に指定されて、長期にわたって空き地となる。

三国干渉とその背景

清国は、一八五八年ロシアとの間にアイグン条約及び一八六〇年には北京条約（当時の万国公法に基づく不平等条約）を締結させられて、黒竜江以北と沿海州の外満洲をロシアに割譲されてしまう。

日本は遅れて一八九五年、日清戦争勝利の結果、遼東半島の領有権を獲得するけれども露・仏・独の三国干渉にあってすぐに権利を奪われてしまう。

三国干渉に至るまでの欧州情勢について見ると、鉄鉱・石炭など地下資源の豊富なアルザス・ロレーヌ割譲問題に絡む独仏戦争がドイツの勝利に終わり、その結果フランスが欧州で孤立することになる。

これに不満を持ったフランスの反抗を抑えるために、ビスマルクによって独・露・墺の防衛同盟（三帝同盟）が結ばれる。以後フランスはその関心を外に向けざるを得なくなり、植民地獲得を目指すようになる。

ところがロシア対トルコ戦争終了後に、ビスマルクによって召集されたベルリン会議の結果、ルーマニア、セルビア、モンテネグロのバルカン諸国が独立し、ボスニア・ヘルツェゴビナがオーストリア預かりとなって、ロシアの取り分がなくなる結果となった。

これに不満を抱いたロシアがオーストリアと対立して、独・露・墺の三帝同盟を脱退してしまう。このために同盟の提唱者ビスマルクはビルヘルム二世によって失脚させられて、ビスマルク体制と言われた独・露・墺の同盟が解消することになる。

それに伴って一八八二年独・伊・墺間に新たな秘密同盟（三国同盟）が結ばれる。するとまたこれに対抗して、一八九一年露・仏同盟が結ばれる。まさに欧州における応仁の乱の様相である。

「欧州の天地は複雑怪奇」と言って解散した第二次大戦前の平沼騏一郎内閣の嘆きも理解できる。

しかしこれは、欧州大陸に生きる諸国家の覇権及び国防政策においてはごく普通の合従連《がっしょうれん》衡《こう》（付いたり離れたり）であった。かの有名な策士ビスマルクでさえも手を焼くほどのものだったのだ。

ドイツはロシアの不満を抑えるため、その関心を極東に向けさせ、併せて英国の極東権益の牽制をも目論んでロシアに南進を勧めた。これにロシアの同盟国であったフランスが付き合って、その標的が、日清戦争に勝利した直後の小国日本となったのである。

これによって、それまで欧州において栄光ある孤立を守ってきたイギリスも、膨張するドイツによって建艦競争や極東における権益に脅威を受けるようになる。

ドイツは一八八〇年、日清戦争が勃発する十四年も前に、清国の北洋艦隊の旗艦となる定遠・

鎮遠の建造を始めていたのだ。

また兵器開発企業のクルップ社が旅順の要塞化をも支援していたのである。さらに第一次世界大戦後には、ドイツの租借地が日本に渡らないように膠州湾の返還を求めてもいた。一九三三年、ドイツ陸軍参謀長ハンス・フォン・ゼークトが上海に来て、蒋介石に対して日本一国だけを敵にして欧米列強とは親善政策を採るように進言している。

また中国がやらなければならないことは、日本への敵愾心《てきがいしん》を養うことであると蒋介石に提言し、工作機関（藍衣社《らんいしゃ》）を結成して対日敵視工作をも始めさせている。

その効果ともいえようか、四年後の一九三七（昭和十二）年、北京の通州区において「通《つう》州《しゅう》虐殺《ぎゃくさつ》事件」が勃発する。

この事件は、日本が育てた中国人保安隊（警察類似）による日本人居留民に対する目を覆うような集団虐殺事件であった。

米国人ジャーナリストF・V・ウイリアムズはこの事件に対して、「古代から現代までを通して最悪の集団虐殺として歴史に残るだろう」と報道している。

ほとんどの日本人はこの事件について知らないであろう。南京事件については教えられていたにしても。

自虐的であると言われる所以でもある。

ドイツ陸軍参謀長であったゼークトは帰国するまでに、ドイツ型武器装備の数十個師団の編制計画や教導隊の創設、士官学校・陸軍大学校・化学戦学校・防空学校などを南京に設立したのち、日中戦争が始まる二年前に帰国している。

このように、ドイツは三国干渉以前から清国に銀行を設立したりして関係を深め、貿易量はイギリスに次いで二位となっていた。

太平洋戦争の契機となった三国同盟締結に際して、こうした一連のドイツの親中政策やヒトラーの親中感情さらに日本敵視工作などの情報を、当時の陸軍や外務省はどの程度把握していたのだろうか。


「黄禍論《こうかろん》」（義和団事件の恨みによる中国人への差別感情）の提唱者でもあるドイツのビルヘルム二世は、戦艦三十八隻を擁する大艦隊編制計画を打ち出す。

これは米国海軍軍人マハンの著書『海上権力史論』に触発されたものであろう。

これに対して英国は一九〇二年、ドイツへの対抗と極東の権益防衛のために日英同盟を締結せざるを得なくなる。

この際、日本においては対露協調派の伊藤博文・井上馨対日英同盟派の山縣有朋・小村寿太郎の路線の争いがあった。いずれが妥当であったかは歴史が語る。

欧州諸国間の関係

英露関係：一九〇七年英露協商を結ぶ。バルカン半島から中東へ進出するドイツの汎ゲルマン主義（ドイツ人の優越と膨張主張）に対抗するものである。またドイツのビルヘルム二世が唱えたベルリン、イスタンブール、バグダッド間を鉄道で結ぶという戦略にも対抗する。

英独関係：ビスマルクは英国とは親善外交を行う一方、オーストリアなどと三帝同盟や三国同盟を結ぶ。さらに仏を牽制するために独露間に再保障条約を締結するが、実は仏露を標的としている。

独のビルヘルム二世が建艦競争に走ったために英独関係が悪化する。ここで銘記すべきは、英国が露を対象として日・英・独の三国同盟を提唱したけれども、独が難色を示したことである。独は一貫して親中、嫌日路線であったとみることができる。

英仏関係：英仏協商によって植民地政策の対立を一応解消する。百年戦争以来の対立が終了し、対独をにらんで接近する。仏革命以降の仏国はリベラルな思想をもった国家といえる。他方英国は、伝統と慣習に基づくナショナリズムを堅持している。

独仏関係：普仏戦争で仏が孤立した結果、仏は植民地獲得へ向かい、独は欧州政策に専念するようになる。仏はナポレオン時代以降、戦争に勝ったことがない。また仏はビスマルクを敵視し続けた。仏国の「自由・平等・博愛」の精神は、文化的ナショナリズムとして軍事的な野心が薄いと受け取られ、欧州圏において温かく受け入れられてきた。

独露関係：モスクワ大公国時代のイワン三世と独の友好関係から、多くのドイツ商人がモスクワに定住するようになる。露は軍事上の必要性から外国人の技師、職人、商人、士官などを多く招いている。以後ドイツ人の支援を得て戦争に勝利するようになっていく。

こうしたことから、ロマノフ王朝とドイツ公家の結びつきが強くなる。このことから、ロシア人は技術や作戦分野に弱点がありそうである。

そのために、ウクライナ人の技術力をもって弱点をカバーしようと考えている可能性もある。従ってウクライナ人が脅威でもある。

露仏関係：日露戦争時、仏は同盟国として露を支援した。バルチック艦隊に仏植民地の寄港を許し、パリにおいてロシア国債の発行をも許可している。伝統的に軍部間の結びつきが強い。フランス人はロシアの民族主義者の排外感情を刺激しないといわれているが、それはフランス人がドイツ人やイギリス人に比べて愛国心や戦争に強くなく、コスモポリタン的で領土に対する野心も薄いからであろう。

ところが、仏は独と違って一貫して親中的ではなかった。注目に値する。

満洲の価値

対ロシアへの防波堤として満洲に期待する考え方は、陸軍軍人石原莞爾《かんじ》などによって提唱されたといわれてきた。しかし、一八二三年江戸後期、経世家佐藤信淵《のぶひろ》や吉田松陰などは、当時の国際情勢において既に、日本の国防にとって満洲領有が必要であると説いている。

この考えの根本は二つあって、一つはロシア・中国などの覇権的国家との間に緩衝地帯（バッファーゾーン）を確保すること。これはロシアにとってのウクライナと同様の考え方である。二つは西洋列強などの太平洋からの攻撃に備えて、友好国を建設して補給基地を確保することと、退路の確保（縦深防御）にある。

明治時代に山縣有朋が唱えた「主権線」や「利益線」（朝鮮半島から満洲に及ぶ範囲）も似たような考えに基づいているといえよう。

　当時日本が唱えた、満洲において日本人・朝鮮人・漢人・満洲人・蒙古人の心を一つにした国造りを目指すという「五族協和理念」や「大東亜共栄圏構想《だいとうあきょうえいけんこうそう》」、さらに満洲を横行する軍閥や匪賊《ひぞく》（群れを成して殺人略奪する盗賊）などによる争乱を鎮めて、平和で暮らしよい土地「王道楽土《おうどうらくど》」にするとの考え方。

　これらは、もともと一九一二年、中華民国成立時に孫文が民族独立を目指して南京において行った演説で掲げられたスローガン「五族共和」に共通するものであった。

　中国側のいう五族とは漢・満・蒙・回（ウイグル・イスラム）・チベットを指していた。しかし今日の新疆ウイグル自治区やチベット自治区などに対する中華人民共和国の抑圧政策をみていると、中国の掲げたスローガンやキャンペーンの信頼性には疑問がある。

　中華民国（中華の名が示すように漢民族国家であり五族共和国とはいえない）は孫文による辛亥革命《しんがいかくめい》によって一九一二年南京で成立するが、この時、北京には未だ満洲人による国家清帝国（皇帝溥儀）が存在していた。

　その後、溥儀の退位と、孫文から袁世凱《えんせいがい》への権限の委譲によって首都が南京から北京に移される。しかし袁世凱が軍事力による独裁政権を目指したので、孫文はこれに反対して後に中国国民党を結成し、広東に新たな政府を樹立することになって国内が乱れる。

　孫文に同調して日本の掲げた「五族協和」キャンペーンも当時にあっては、アジア人を蔑視・差別し、またアジア諸国に対する欧米諸国の身勝手な植民地政策に対するアンチテーゼ（反論）

として、孫文の目指す理念と一致するものであった。

また日本国民には大国ロシアと日露戦争を対等に戦った黄色人種の代表としての気分の高揚もあった。

孫文の辛亥革命《しんがいかくめい》を支えた宮崎滔天《みやざきとうてん》、内田良平、川島浪速《かわしまなにわ》、さらに二葉亭四迷などは、特定の組織にはほとんど所属せず、中国大陸のみならずユーラシア大陸、シベリア、東南アジアを舞台に各種政治工作活動などを行って、自らを「浪人、脱藩志士」と称した。

一般に彼らは「大陸浪人」や「支那浪人」などと呼ばれ、アジア民族の大同団結と解放を目指して政治活動を行った。ナショナリズムだけでなく国際協調をも目指す有意の者たちでもあった。

「浪人」とは、入学試験や就職に失敗したマイナスイメージではなく、「武士が主家から自立した」（独立独歩）といえるほどの前向きな感覚で捉えられていた。

幕末に脱藩して藩の縛りから自由になって維新に貢献した坂本龍馬の気分をもって、また西南戦争に関わった士族たちの心意気を持って、海外に進出していった人々でもあった。さらにはアジアに第二の明治維新を起こすことをも夢見た人々でもあったのである。

当時の正義感にあふれ高志をもった人々が、なぜ後に「大陸ゴロ」（ゴロツキのゴロ）などと蔑称的《べっしょうてき》に呼ばれるようになったのか。その後の日本による満洲政策の変化に理由がある。

軍部の主導や一獲千金を夢見る心無い人々の進出によって、彼らの純粋な理念が穢される結果になったのだ。もちろん当時の混沌とした不穏な情勢下にあった満洲では、秩序維持のために軍や警察力の活用は不可欠ではあった。

しかし当時の軍組織は日清・日露戦争を戦った頃の理念を失っていて、軍組織の根幹である統率と規律の厳正を欠いて、傲慢《ごうまん》無礼で無秩序（下剋上や政治に関与する）の組織になっていた。五・一五事件や二・二六事件及び柳条湖《りゅうじょうこ》事件などが挙げられる。

そのうえに軍の最高指揮権に関する法体系（シビリアンコントロール機能：統帥権《とうすいけん》の在り方）の不備と政党間の政権争いによって、国家方針が大きくゆらいでいた。

一九三一年九月、中華民国奉天《ほうてん》（現瀋陽《しんよう》）郊外で、わが関東軍の暴走による南満洲鉄道（マンテツ）の線路爆破に端を発する「柳条湖事件」から事態は一変する。翌年の満洲国の建設、二年後の国際連盟脱退によって日本は世界から完全に孤立することになる。

もとを正せば、満洲人の支配する国家であった清国から中華民国に移行する過程で、蒋介石が「前政権下で交わされた条約などは全て無効である」と主張をしたことが原因になっている。

これは慰安婦問題に関する日韓合意を覆した韓国政府のやり方と同様に、明らかに当時の国際法（ベルサイユ条約）に違反するものであった。西洋文明の所産である国際条約や国際法は、中華世界の朝貢制度とは相いれないのだ。すなわち国際社会に国際法があれば、中華社会には対策があるということである。

今日のＷＴＯやＷＨＯの条項は勿論のこと、国連海洋法条約や将来米国と交わすであろう核兵器制限条約や二酸化炭素削減計画なども、同様に扱われる可能性が高い。

日本は日清戦争で得た利権（三国干渉で奪い取られた利権）などを、第一次世界大戦の結果ベルサイユ条約によって取り戻していた。しかし広大な中国の市場獲得を企む「後出しじゃんけん」の米国の支援と後ろ盾によって、自信を得た蒋介石（中華民国）が日本との交渉を拒否し続けたのだ。

さらには自国の内政の混乱や自国民の不満を外に向けるために、国民に反日感情が煽られた。これはかつてドイツ陸軍参謀長のハンス・フォーン・ゼークトが蒋介石に伝授した日本への敵《てき》愾心《がいしん》をあおる工作の一環でもあった。江沢民政権から現在に至る中国政権の対日常套《じょうとう》手段でもある。

国際条約を守らない蒋介石と米国の策略によって、日本が欧米列強の規定した万国公法に倣って建設した鉄道、鉱山及び商租（土地権利）など全ての権益が無効とされたのである。

こうした中華民国や裏で糸を引く米国の態度に業を煮やした関東軍は、独断で満洲事変を工作し、満州国の成立にまで発展することになる。

実は、米国やロシアはもとより漢人の蒋介石や満洲出身の張作霖《ちょうさくりん》でさえ、不安定だった満洲の利権や支配をめぐって関東軍や米国と組んで様々な獲得工作や利権争いを起こしていたのである。張作霖は遼寧省出身であり漢人ではない。

満洲には満洲人、モンゴル人、朝鮮人など四十余りの民族が住んでいた。いわば当時の満洲は米国に勝る人種のるつぼであった。

日本の純粋な「五族協和」理念に基づいた政策が成功していたら、まさに「アジアの王道楽土」が満洲に誕生していたであろう。今日の中国の他民族への偏見政策も生まれなかったかもしれない。

満洲国の成立後は、中華民国を追われた溥儀が故郷満洲において、溥儀自身が望んだ満洲族による国家が曲がりなりにも芽を出したのである。

日本は本気になって満洲の発展に力を注いだ。治安も改善され、中国本土や蒙古からも移民が増加し南満州鉄道を発展させ、日本本土に勝る近代的な高速列車さえも運行されたのである。

因みに第二次世界大戦直前の一九三八（昭和十三）年、ハルビン特務機関長であった樋口季一郎はナチスの迫害を逃れてソ連と満洲の国境で立ち往生していたユダヤ難民を満洲国に受け入れ、二万人ほどを脱出させている。

当時の日本とドイツの密接な関係から強い反対の国際情勢の中、捨て身でユダヤ難民を救出したのである。樋口の権限は限られていて関東軍はもとより全陸軍を相手にクビを覚悟しなければならない程の行動であった。その際上司であった関東軍の東条英機参謀長もこれを黙認している。

柳条湖事件勃発の翌年、リットン卿（英国人）を団長とする英・仏・伊・独・米の代表五人からなる調査団が編成されて三か月にわたって日本・満洲・中国各地で調査が行われることになる。

欧米列強の中国進出

三国干渉（一八九五年四月）によって日本が日清戦争で得た遼東半島を失った直後から、欧州列強の清国侵略が始まる。

ロシアは一八九六年、旅順・大連租借を皮切りに清と秘密同盟を結んでチタ～ウラジオストックを結ぶ東清鉄道敷設権を獲得する。その後さらにハルビン～旅順間の鉄道敷設権を獲得する。特に路線を経営する中東鉄道会社は、ロシアの植民地国策機関だったことが戦後発覚している。もしも日露戦争で日本が負けていたら、満洲から旅順・大連一帯がロシアの植民地となって朝鮮半島もロシアの支配下に置かれ、現在の韓国も存在していなかったであろう。

また日清戦争後の李《り》鴻章《こうしょう》の日本に対する恨みによる対露政策が、ロシアを抱き込むことでその後の日露の衝突をも作為したともいえる。

ほどなくイギリスが威《い》海衛《かいえい》や新界を、ドイツが膠州《こうしゅう》湾を、フランスが広州湾をそれぞれ租借するようになる。清は日本を追い払ってより一層欲深い国家の群れを誘い込む結果となった。

三国干渉があって五年後、清国内に欧州列強の中国領土の分割摂取に反対する民衆の大規模蜂起事件（義《ぎ》和《わ》団《だん》事件）が発生する。

清政府の対外軟弱政策に対する民衆の不満が爆発したこの事件は、ほどなく英・米・露・独・

仏・墺・伊・日の八か国からなる連合軍によって鎮圧される。

事件解決に当たっては、複雑な欧州情勢に絡んで他の列強国が手薄となったため、日露二国が主体となって解決される。ところが義和団事件が鎮圧された後も、ロシアのみが満洲に居座って占領同然の状況になる。

このロシアの行為に対する欧米列強の反応は鈍く、英国と新入りの米国の反対を除いて他の国は思ったほど関心を示さなかった。

戦後判明した事実によると義和団事件の四年前、既に日本を仮想敵国とした清・露の相互援助同盟の密約（満洲をロシアの保護下に置く）が結ばれていたのである。モスクワにおいて李鴻章と外相ロバノフ、蔵相ウイッテ間で調印されていたのだ。

これによりロシアは、日露の衝突が不可避と判断して事前に十分な準備をしていたのである。日露戦争時の二〇三高地の激戦は、ロシアと李鴻章によって事前に仕組まれていた戦いでもあったといえる。

法外な日露戦争の結果、日本は辛うじて遼東半島南部及びロシアの設置した南満洲鉄道（マンテツ）をロシアから譲り受け、満洲における権益がロシアと共に認められることになる。

明治維新から日露戦争後の情勢

清時代末期の中国は、満洲人の支配から漢人の国家を取り戻そうとする満人と漢人の争いに加えて、欧米人に対する農民のゲリラ戦の場と化していた。そのために国家としての体を成しておらず、政府としても欧米列強の理不尽な行為に対して何ら対策がとれなかった。

孫文の側近を務めた政治家戴季陶《たいきとう》は「侵略者はその行為において非難されるが、それを許した方もまた非難されるべきである」と書いている。尖閣に対するわが国への警鐘ともなろう。

魯迅《ろじん》・孫文《そんぶん》・蒋介石《しょうかいせき》・周恩来《しゅうおんらい》など今日の中国を形作ってきた著名人たちは、明治維新後に留学生や遣日使節として日本で学び、福沢諭吉や犬養毅、先述の宮崎滔天や頭山満など多くの政財界人らと交流し、多くの支援を受けて中華民国の近代化に貢献したのである。

当時の中国からは、明治維新後の日本に学べとして、康有為《こうゆうい》が先頭に立って中国の近代化を図り、以後万もの若者たちが留学してきている。彼は日清戦争時には日本との徹底抗戦を掲げて講和に反対していた人でもあった。

また皮肉にも今日の中国共産党を立ち上げ育てた聖地は、欧米列強の治外法権下にあった「租界《そかい》」区域であった。なぜなら「租界」区域こそが当時中国国内において、最も治安がよくて安心して自由な言論や身の安全が保障された唯一の場所であったからだ。現在の中華人民共和国はそのことについて一切触れない。

租界や日本で巣立った彼ら留学生たちやその後継者たちがその後、日本や他の周辺諸国民に対してとった態度から、将来の中共との関わり方（安全保障や共同事業など）が見えてくる。お互いの曲解や誤解によって悪化していった日中関係は、蒋介石や米国の工作によっていつの間にか米国との対立にすり替わり、日本は悪化した日中関係を引きずったまま太平洋戦争へと引きずり込まれることになる。

これには蒋介石と組んで一石二鳥を目論んだ米国の下心と施策についても解明されなければならない。

日露戦争の結果を日米の指導者や国民は、それぞれ誤って解釈する。米国は日本の力を過大に評価し、日本は欧米列強に倣って植民地獲得に参加し、遂に太平洋戦争へと向かうことになる。米国と対峙《たいじ》する最初の誘因は日露戦争にあった。その勝敗は、日本にとって国家の存続と国民の保全のために、やむを得ず名を取って実を捨てた形で結着した。日本は辛うじて停戦に持ち込めたといえるほどの薄氷を踏む戦いであった。列強諸国も世界中も日本国が地球上から消えるだろうと予想していた。

戦争に臨む日本政府の最大の問題は資金不足にあった。そこで日本は国債を発行して資金調達を図るけれども、ロシア優勢の国際情勢下、国債は全く売れなかった。しかし開戦直後に、ユダヤ人ヤコブ・シフが日本国債の半分を引き受けてくれたことで国債が売れ出して、辛うじて戦争に臨むことができたのである。

その背景には経済的損得からではなく、当時ユダヤ人を排斥していたロシアへの反感が込められていたのだ。

義和団事件前後の中国情勢

当時の清国には、英、米、独、仏、露など欧米列強による「租借地《そしゃくち》」や「租界地《そかいち》」といった治外法権や軍隊の駐留を認める居留地や港湾が多数存在していた。敗戦後の米国にとっての沖縄や奄美大島のようなものである。遼東半島・広州湾・上海・天津・香港・アモイなど数十ヵ所が欧米列強によって虫食い状態に占有されていた。

こうした政府の無策に不満を持つ農民を主体とする集団が外国人排斥を訴えて、外交官公館、キリスト教会、外国商社や鉄道などをゲリラ的に攻撃をして義和団事件へと発展したのである。しかし国家は取り締まれず、むしろ自らの無策を隠すために一緒になって戦うような有様であった。

こうした不安定な国内情勢下において、日本の守備隊が日本人特有の甘い親切心から、積極的に治安維持活動に協力した結果、欧米諸国からは「感心な奴」（実はおめでたい奴）として評価されたが、中国人からは欧米人に手を貸しているとみられた。

日本人は漢文や儒教などから得た半解の知識や温情などから、中国人やアジア人をよく理解し、また同胞であると思い込む傾向がある。先述の「五族協和」や「王道楽土」などといったアジア的感覚に乗せられやすいのもそのことを示している。
対外問題と国内問題を切り離して考えることがなかなかできない。

他方中国人は、大陸的でおおらかな面も持っているが同時に利己的で横柄な面もあって、社会秩序や法規などに対する順法精神には欠けているようにみえる。まさに国家に法あり、民に対策ありと言えよう。

それは中国人のみの責任ではなく、「人間の本性は悪であり法の強制の下に縛り付けておく必要がある」（法治主義）として、個々人の自由や権利をほとんど考慮しないで、押し付け政策を採らざるを得なかった王朝の治世のせいでもあろう。そのために、ますます制御の手綱を絞らざるを得ない民と化したのではないだろうか。

コロナウイルス発生に伴う武漢からの邦人避退時、外国人の空路脱出を認めた中国政府は、航空機の離陸をわざわざ夜間に指定している。

これは外国人を特別扱いしたとの自国民の批判を避けるための処置であったとも受け取れる。義和団事件などに見られた外国人優遇や外国人に対する国家の弱腰姿勢への民衆の反発が、現政権首脳の脳裏をよぎったのかもしれない。

中国人民の主我意識と自尊心は、絶対権力者さえも動かすほどに鍛え上げられているようだ。「焚書坑儒《ふんしょこうじゅ》」に端を発し、その後の文化大革命などにおいても数百万ともいう自国民を粛清《しゅくせい》することをもいとわない専制国家でもある。

また「南京事件」などを十分な史実の裏付けもなく世界に向けて針小棒大に喧伝して、「通州事件」や「天安門事件」など、自らの暴挙は覆い隠そうとする破廉恥な行為も平然とやってのける国家でもある。

日本はそれを非難したり諭したりするのではなく、中華人民共和国とはそういうものであり、日本とは価値観が違うのだと割り切って対応策をとるべきである。こうあってほしいとか、こうすべきなどと望みを懸けたり、助言などをすべきではない。国家間の付き合いは、決して情に流されるべきではない。

歴史を通じても、中国が他国からの進言や忠告を受け入れたことはほとんど認められない。今日の中国による南シナ海や香港・台湾・尖閣、また新疆ウイグル・チベット自治区、さらにはＷＴＯやコロナウイルス問題などへの対応などに、中国の本質が透けて見えている。

米国の満洲進出

日露戦争後、最も満洲に関心を示したのは、それまでほとんど蚊帳の外にいて傍観同様の状況にあった米国である。

なぜなら米国は一八六一年から、南北戦争を戦い、引き続いてスペインやフィリピンとの戦争を戦っていたために、中国大陸への進出が遅れていたからである。

一八九八年、スペインとの戦争の結果フィリピン及びグアムを領有し、いざ無防備で巨大市場の中国大陸に進出しようとしたら、既に日本や欧州列強の独裁的権益が確立されていたために米国の付け入る余地がなかったのである。

それで翌一八九九年、米国務長官ジョン・ヘイが清国における通商権、関税、入港税の平等や中国の門戸開放に関する声明を一方的に発表することになる（門戸開放宣言）。

次いで翌年清国の領土保全の原則なども宣言する。

これらの発言や宣言は中国との通商に遅れて参入した米国の焦りもあり、またその商魂のたくましさをも反映して日米衝突へと向かわざるを得なくなる。

因みに日本海海戦が終わった直後、未だ日露戦争も終結していない一九〇五年七月、東京において米陸軍長官ウイリアム・タフト（後に二十七代米国大統領）と桂太郎首相間に秘密協定が結ばれる。

タフトの提案は米国が日本の韓国支配権を認める代わりに、日本はフィリピンの米支配権を認めるというものであった。またタフトの目的は、日本のフィリピン独立革命に対する支援を止めさせることにもあった。

タフト来日の三か月後、今度は米国鉄道王のハリマンが来日する。戦後発覚したその目的は、アメリカ西海岸を出発し太平洋から日本を経由して、満洲、シベリア、欧州を通って大西洋側からアメリカ東海岸を結ぶ世界一周の交易ネットワークを構築して、ユーラシア経済圏を米国が一手に握るという戦略構想であった。

山縣有朋が唱えた「利益線」の構想をマハンの『海上権力史論』によってさらにグローバル化した構想であった。まさに「パックスアメリカーナ」（アメリカによる新朝貢制度）ともいえる構想が一企業家によって生み出されたのである。

かつて七つの海を支配した英国との世代交代をも告げる一大戦略構想であった。習氏の「一帯一路政策」も似たようなものであろう。

その手始めに日本が領有する南満洲鉄道経営に参画し、東清鉄道やシベリア鉄道の買収を計画していたのである。

一八九八年ハワイ併合を皮切りに、米西戦争でフィリピン、グアムを奪取した米国は、日本とほぼ同時期に民間の企業家を主体とした経済覇権国家へと変貌してきていた。欧州列強に倣って植民地獲得に専心しつつあった米国は、この時点で既に満洲に対する強い干渉の意図をもっていたのである。

これに対抗するために日露が協力することになる。第一次日露協約では、日本は南満洲、露は北満洲を勢力圏とすることで一致する。第二次では、米国の満州鉄道の中立化案に対抗するために、協力して鉄道権益を確保することで合意する。第三次では、日露の勢力圏を拡張して内蒙古まで広げることで合意する。

第四次では、第三国（特に米国）の中国大陸支配を阻止するため、戦時における相互援助についてまとめる予定であった。しかしこの第四次の議案であった日露の軍事同盟締結は、一九一七年に勃発したロシア革命によって消滅することになる。

この際、ロシアではなく米国と手を組んだほうが、日露戦争で弱っている財政状況下にある日本にとって望ましいと考えたのが、井上馨や渋沢栄一などの財閥に関わる現実主義者たちであった。

これに対して猛然と反対したのが、苦学生上がりであるがハーバード大学にも学んで功成り名遂げた小村寿太郎であった。彼が孤軍奮闘反対する。

その結果、日本人の特徴ともいえる「清く貧しく美しく」を尊ぶ国民性からか、小村の意見が通ることになる。当時の為政者や高官たちが、伊藤博文を筆頭に女性関係や贅沢な私生活などから国民の受けが芳しくなかったことにも遠因がある。

ただし小村は満洲の鉄道経営は国益に合致すると考えていて、米のモルガン企業から融資を得る目途が立っていたのである。将来米国企業に飲み込まれないためのベテラン外交官の面目躍如たるものがあるが、米企業から融資を受けたらもとのもくあみであろう。この企画も成就されることはなかった。

米国の世界制覇への第一歩

残念なことは、当時の日本がロシア革命勃発後のロシア情勢について、継続した情報収集を行った形跡は認められないことである。あるいは情報収集を行っていたが活用されなかった可能性もあるが。なぜなら日本は歴史を通じて情報や情報部門を軽視してきたからだ。

日露戦争中、明石元次郎《あかしもとじろう》陸軍大佐は西ヨーロッパにおいて、ロシア国内の革命派を援助してロシアの弱化工作活動を行って大きな成果を得ていた。その報告書などを以後の国策に活用した形跡がうかがえない。

日本は今日、英・米・露・韓国などが組織している正統の諜報機関を持たないために、ロシア情勢や中東などにおけるテロ組織の活動状況や、真に必要な隠された他国の核心情報などの入手は、商社や現地で活動する日本企業などに頼る場合が多かった。専守防衛は情報強国でないと成り立たないと思えるのだが。

米・英・豪・加・新西蘭《にゅーじーらんど》からなるファイブアイズへの加入などは、日本にとっては渡りに船といえる。しかし情報や諜報を軽視し、かつスパイ防止法なども制定されず、加えて個人情報保護法によって秘密に携わる個人のセキュリティ（国家機密を託せる人物か）をチェックすることも困難な現状にある。

これは国家を純真無垢の少女のまま物騒な世に放置するようなものだ。情報の保全をも軽視することでファイブアイズの仲間に入れてもらえるかも疑わしい。

しかし、大東亜戦争中の陸軍内部には、米国のＣＩＡに相当するような「陸軍中野学校」があった。

一九四〇（昭和十五）年、防諜研究所から改編改名されて陸軍参謀本部直轄の学校となっている。その重要性から東大出身者が多かった。明石元二郎や影佐禎昭及び石光真清などが著名な輩出者とされる。

陸軍のように高度の情報機関（分析・評価する前のローデータが入手可能な）を持たなかった海軍は、太平洋戦争をすべきか否かに関する国家方針の決定に際して、外交現場のなまなましい駆け引きや機微な情報源を持たなかったがために、陸軍に譲歩せざるをえなかった可能性もある。

もちろん「目先がきいて几帳面」と言われるぐらいだから、国際法に抵触しない範囲の情報

（駐在武官を介した情報）程度は持ち合わせていたであろうけれども。

米国の世界制覇（パックスアメリカーナ）への第一歩はロシア革命発生の四年後、一九二一～二二年に開かれた「ワシントン会議」にあったとみている。

この会議は一般に海軍軍縮会議として捉えられているが、その実体はそうではない。米国の首都ワシントンにおける日本を被告とする「極東国際軍事裁判」（第二次大戦後東京において行われた連合軍による裁判）にも匹敵するといえるものであった。

台頭する東洋の異人種で小癪な日本を徹底的に封じ込めて、米国が世界制覇へと踏み出す足掛かりを得る目的で開催された、米国一強会議ともいえるものであった。

一九〇五年来日の鉄道王ハリマンの構想をグローバル化した、「海上交易利益線」（ＳＬＯＣ）の確保を具体化するための会議であったともいえる。会議開催の場が海を隔てた米国の地であった事も、日本側にとっては極めて不利であった。

なぜなら、議事進行に絡む代表団と日本本国との機微な情報のやり取りは通信回線に依らなければならず、その交信内容は逐次米側に暗号解読されていたのである。日本の要求する各種権益の許容最低限度が、既に米側に筒抜けになっていた。

米国はまず、日本の大陸進出を支えて極東において孤立化するのを防いできた虎の子の「日英同盟」を解消させた。次いで中国大陸に最も大きな権益を持っていた英国との摩擦を避けるために、中国から日本の特権を排除し、英国の領土であったシンガポールや香港の権益は従来通り認めることにして英国を納得させている。

関連して行われた日・米・英・仏による四か国条約（戦艦保有比率を米・英十対日六に抑える）も、フィリピン、グアム、ハワイを奪い取ってさらに中国大陸進出を目指す米国にとって、南西太平洋に存在する日本帝国海軍が障害となったからである。

その脅威は見かけほど実力を伴ったものではなかったけれども、米国の欲望を反映した行き過ぎた疑心暗鬼（ツキジデスの罠）によるものであった。実際には日本海軍は、レーダーや情報通信機能や継戦能力においてはかなり劣っていたのである。

中でも重要なのは、中国市場の開放と参入への機会均等を約する九か国条約の締結にあった。欧米列強の中で、巨大な中国市場に誰よりも遅れて参入した米国の弱点を取り戻すための会議でもあった。すなわち米国としては、日本と蒋介石の間において二国間のみによる独占的な条約が結ばれるのを食い止める必要があった。

そのために国務長官スティムソンが「不戦条約」（戦争放棄条約で成立するかなり以前から各国のコンセンサスが得られていた）を持ち出して、スティムソン・ドクトリンと銘打って先手を打って日本と蒋介石に送りつけて牽制したのである。

このドクトリンを押し付けることによって日中関係を牽制しておいて、以降米国による蒋介石政権への支援が続けられていく。

本条約が正式に締結された後は、第一次世界大戦によって培われた米国の資本と工業力を広大な中国市場へ注ぎ込めると見込んだ米国の戦略であった。

本会議の目的を目先の海軍軍縮にとらわれた、当時の日本の国際情勢認識の甘さと情報戦に係る配慮不足は、その後太平洋戦争に向かって進む過程においても繰り返されることになる。

本会議が後世にもたらした悪影響として次が挙げられる。現在、中国が行っているチベットや新疆ウイグル自治区及びモンゴル人などに対する人権侵害や漢人への強制同化政策がある。米国の関心が日本一国の封じ込めと市場獲得に囚われていて、肝心の中華民国の国境について明確にしなかったことによる。

また戦略的見地からは、当該会議にソ連が除外されていたために、後にソ連によって外蒙古を中華民国から独立させられ、モンゴルが共産化させられることになっている。

さらに日本にとって最も重要なことは、当該会議に向けて既に革命の混乱が収まっていたとみられるロシアを巻き込む工作をしなかったことである。前記明石元二郎大佐の報告書が生かされなかったのである。

ロシアの同会議への参加を強行に主張すべきであった。英国や米国の満洲を含んだ極東権益を最も嫌っていたのはロシアであった。ワシントン会議までにはソビエト社会主義共和国連邦（ソビエト連邦）が成立していることから、開催当時は、革命に伴う混乱はかなり落ち着いていたとみている。

なぜなら一九二二年以降、スターリンは既に党書記長に就任していたのである。日本からの誘いがあれば彼は決して出席を断らなかったと断言できる。

ロシアが極東（東アジア）に居座ることは、ここに最大の権益を持っている英国にとって脅威となり、日英同盟は安泰となったはずである。またロシアの会議参加はアメリカの独り勝ちを防ぐ防波堤にもなり、後の太平洋戦争は避けられた可能性が大である。

因みにスティムソンが持ち出した不戦条約にしても、当時の米英の解釈では戦争が侵略か自衛かの判断は当事国が決めることとなっていた。国境を越えて軍事力を使用したとしても、自国の利益に関わることであれば侵略ではないと解釈されていた。

当時米国は中南米やニカラグアへ盛んに内政干渉をしていて、スティムソン自身がこれに積極的に関わっていたのである。

一九四七年三月二十五日、D・マッカーサーは次のように語っている。「日本の敗戦が明らかな局面においてスティムソンが原爆を使用したのは、膨大な予算をつぎ込みながら原爆を使わずに戦争が終わったら開発担当者として責任を問われることを恐れたからだ」と。（有馬哲夫著：『歴史とプロパガンダ』ＰＨＰ研究所・二〇一五年）。

当時の欧米列強の国際法や国際信義に対する認識とはそんなものであったのだ。彼らの解釈によって彼らのために利用できる書付程度のものであった。

日中戦争や大東亜戦争は彼らが作った国際法に則ってなされ、その後彼らが勝手に解釈を変えて裁かれた戦争でもあったのだ。このことは日本の歴史を学ぶ上で決して忘れてならないことである。

またワシントン会議開催の裏には、第一次世界大戦を経て台頭する東洋の小癪な日本人に対する米国内の強い人種差別感情も隠されていたのである。

米中交易開始と親中政策

米国と中国（清国）間の交易は、日本や西欧諸国に比べて著しく経験が浅い。一応、一七八四年イギリスとの独立戦争が終結した頃から始まったとされているが、国家対国家としてではなく商人（民間人）を中心に細々と行われていたにすぎない。

一八四二年の英・清国間のアヘン戦争終結後、清国は南京条約（不平等条約）によって多くの港をイギリスに解放・租借される。この条約に基づいて清国における英国のみの権益が増大したために、米国商人たちの権益が圧迫されることになった。

これに対して二年後の一八四四年、第十代大統領ジョン・タイラーが清国との間に「望厦《ぼうか》条約」（清米修好通商条約）を締結することで一往国家として対清貿易が始まることになる。

一八六〇年、英・仏と清国間のアロー戦争後の北京条約により、北京への英・米・仏・露の公使たちの駐留が認められ交易が活発化する。日本はまだ加わっていない。米国もロシアも当事国ではなかったけれども、ちゃっかりと加わっている。

ところが交易の進展に伴い、カリフォルニア州におけるゴールドラッシュ時代になって中国からの大量移民が同州に集中するようになる。そのために同州を中心に反中感情が高まる。それに伴って一八八二年排《はい》華《か》移民法（中国人排斥法）が議会を通過し、中国人移民が投獄されたり本国に強制送還されるようになる。

こうしたことなどが中国国内にも反映されて、一九〇〇年の義和団事件（農民の蜂起に起因）にも影響する。農民集団によるキリスト教徒たちへの反発や、風水を無視して鉄道建設などを進める外国人や商社に対して、儒教の教えに反するとしてゲリラ戦的な破壊工作や襲撃が始まる。この事件鎮圧に際して、米国はたまたま対スペイン・フィリピン戦争で軍艦や兵員をフィリピンに展開させていたことから事変にすばやく対応することができ、権益を確保する。乱後、清王朝が滅亡し、中華民国が建国されることになる。

一九三七年、日中戦争勃発に際して、F・ルーズベルト大統領は同国の「中立法」を破って積極的に蒋介石を支援するようになる。

中立法とは一九三五年に制定されていて、戦争状態や内乱状態にある国に対しては武器や軍需物資を輸出してはならないというものであった。しかしルーズベルト大統領はこれを無視して多くの支援を実施したのである。

その背景には巨大市場としての中国の大きな魅力が隠されていた。以降アメリカの新聞は、布教のために清国に派遣されていたプロテスタントの宣教師やパール・バック（宣教師の娘）などの親中記事や親中小説を盛んに掲載するようになり、米国民の親中感情は反日へと誘導されていく。

小説の内容は情緒的で、決して中国の実状を反映したものではなかった。バックは三歳の時両親と共に中国に渡り、中国名「賽珍珠《さいちんじゅ》」と命名されて、幼少期は自分が中国人だと信じていたようだ。後に「私は米国人だが同情と感覚においては中国人だ」と語っている。南京事件発生の際には、日本の雲仙に一時避難もしているのである。

小説「大地」は後に映画化されて人気を博するが、その政治的な利用に関して米国内では賛否両論がある。国政が国民の情緒的雰囲気を煽《あお》ることによって、その目的を達成しようとする、典型的な事例とされている。

小説は、蒋介石第二夫人「宋美齢《そうびれい》」の米国における演説「米国の敵日本をまず叩け」以上に、米国民の反日感情をかきたてたのである。こうした米国の対中関係の転換点における反日キャンペーンの高まり現象は、後に中国系アメリカ人アイリス・チャンの著書『南京虐殺事件』の出版時にも見られる。

日本にとっては日米関係を左右する最も大事な時期であった。英国人リットン卿の中国に対する冷静で中立的立場からの中国評価と、パールバックや在中国宣教師たちの情緒的な中国観を、当時のジャーナリストたちや米国の為政者たちが冷静に評価していたなら、日米の関係も悪化の一途を辿ることはなかったであろう。

しかし、どの国の国民（人間）も情緒に動かされやすい傾向をもっている。民主主義国家において、政府の意志を通すには国民の支持（情緒）を取り付けることは必要不可欠なことでもある。

米国の対中政策のつたなさから、大東亜戦争後には、中国国民党と共産党の間に国共内戦が再発し、マッカーサーが蒋介石に台湾接収を指示するまでになる。

以後、国共内戦の終結に伴って、米政府は中国の大同化（国共合作・双十協定《そうじゅうきょうてい》）を図る。この案は戦後の東アジアにおける日本軍の再台頭を防ぐことを目的としたものであった。

だが蒋介石はこれに反対して台湾に移った。この台湾への移動が、外省人（中国本土人）による本省人（台湾人）の弾圧と虐殺事件（二・二八事件）を引き起こすことになる。
一九五〇年六月、朝鮮戦争が勃発《ぼっぱつ》し、米・中共が直接衝突することになる。この戦いにおいて米軍はアメリカ軍史上かつてない敗北を味わうことになる。

戦いにおいて中共側の兵站《へいたん》基地（補給基地）となっていた満洲を核攻撃する案が出されて、トルーマン大統領は一旦承認する。しかし米軍内部に反対が起こって実行されることはなかった。軍人は戦を好むというのは必ずしも正しくない例である。むしろ為政者やシビル（民間人）のほうが、その怖さを知らないで安易に判断する傾向にあると言える。

朝鮮戦争においては、二〇〇〇人を超える日本人が国連軍（主として米軍）を支援する目的で秘密裏に参加させられている。また、マッカーサー将軍の朝鮮半島仁川上陸作戦に際しては、得意とする機雷掃海を担当させられて多くの犠牲者をも出している。

この事実は韓国の慰安婦問題などに対するアンチテーゼともなり、わが国民として記憶すべき事案である。

リットン調査団の派遣

リットン報告書第九章の抜粋によれば、満洲は、「一、日支両国の利益に合致する。三、現行の多辺的条約と調和し得ること。四、満洲における日本の利益の承認。五、日支間における新たな条約関係の設置。七、支那の主権及び行政的保全と調和する範囲内で満洲の自治を許す。九、日支間の経済的提携の促進」となっている。

リットン伯爵は、インド総督代理や国際連盟英国団団長を務め、英国最高のガーター勲章を授与された人物である。貴族出身で英国気質と言われるノーブレス・オブリージュやジョンブル精神を持った典型的な英国紳士として、公明正大な立場で満洲の現状を調査し報告している。この報告の内容は、満洲の独占的権益を望んでいた米国にとっては極めて不都合なものであっただろう。

しかしリットン卿の多少日本にも寄り添ったとみられる報告内容にもかかわらず、中華民国と米国の国際社会に対する反日キャンペーン（宣伝工作）によって国際世論は一方的に日本に否定的になっていく。そのために、日本は機先を制して満洲国の建国を既成事実化せざるを得なくなった。

一九三三年二月、国際連盟総会は賛成四十二票、反対一票（日本）、棄権一票（タイ）で満洲国を認めず、日本の満洲からの撤退勧告案を可決する。

前年に行われた満洲国の正当性を訴える国際連盟臨時総会（一九三二年一二月）における松岡洋右全権の演説は、日本国政府と外務省の指示によるものであった。彼はその英語力を買われてその場に立たされたのである。

臨時総会における対日批判の急先鋒は、中華民国、スペイン、スイス、オランダ、チェコスロバキアであった。

松岡の流暢な英語による日本国と日本国民の満洲に対する切なる訴えは、あたかも聖書を後ろ盾としての「十字架の上に立たされた日本」とでも題すべき演説として、多くの国の代表から拍手絶賛を浴びた。

フランス・イギリスの外相や陸相からの賛辞、また批判の急先鋒であったチェコの代表は絶賛とともに、日本の対外宣伝工作の不足を松岡に伝えている。

今日も依然として変わらない日本の外交力不足へのありがたい忠告でもあった。もっと以前から外交活動を盛んにしていたら異なった展開になったかもしれない。

もし中華民国や米国のように、事前に広くおおげさに国際社会に向かって日本の真情を訴えていたならば、連盟総会において、あるいは五分五分の評決に持ち込めたかも知れなかったのである。戦う前に既に敗れていたといえよう。

慰安婦やその他の些細な問題でも国際社会に取り上げられると、日本の国益を削ぐアリの一穴となるのである。その認識は今もって日本の為政者のみならず国民の間にも共有されているとは言い難い。

反対に偽善者を装って平気で自分の国を貶《おとし》めて満足している人もいるようである。

国際連盟総会の採決の翌三月、ついに日本は連盟を脱退し、四面楚歌《しめんそか》の孤立無援の状況下におかれる。タイ（当時シャム）の棄権については、膨張する華僑勢力との民族摩擦の国内問題を抱えていたこともあって、「タイは東洋の一国であり、日支いずれにも味方も敵対もできない」として棄権している。これは当時駐シャム公使矢田部《やたべ》保吉《やすきち》の働きかけが大きく影響した結果だとみられている。矢田部は第二次大戦中も、タイ人留学生の受け入れに力を尽くしている。

リットン報告書の内容は、結果として満洲国を認めず国際管理下に置くべきと解釈された。このために日本国内世論が硬化する。

満洲国建設に当たっては、日本が国際社会から孤立化する危険性も十分に考えられていた。それで、主権は中華民国に置いたまま日本の勢力圏とする調停案（英国と香港の関係類似）がまとまっていた。

しかし当時の外相が「国を焦土にしても満洲の権益は譲らない」として世論に迎合した（ポピュリズム的な）答弁をして、これが国会で承認され満洲国建設に至ったのである。日本人が熱狂する中で決めたことは、大抵間違いである（１２１代文部大臣与謝野馨）。

国難や国家緊急事態に際して、最高責任者や為政者が国家や国民に対して負うべき責務について深く考えさせる事案である。すなわち国家と票田のいずれを優先させるべきか。為政者と一般大衆の違いは、この問いに国家を預かる当事者として真に責任ある行動がとれるか否かであろう。

日米間で争われた満洲の価値については、満洲に鉄道を敷いて商売をする金づる（手段）と考えた商人国家米国と、皆で芋を植えて住み着こう（王道楽土）と考えた日本との間に大きな違いがあったとみるべきであろう。

日本人を夷《い》と見なさなかった英国

リットン調査団の報告も、満洲における日中の関係を欧米人の観点から評価し、中国人の日本人への対応を批判している。すなわち「中華民国政府の外国人に対する治安維持の対応において特に日本人の安全が保障されていない」と。

この文言の中で、リットン卿は日本人を自分たち外国人（コーカソイド）の仲間に含めていると捉えられる。すなわち、自分たちと同じ外国人である日本人を特別に蔑視し、標的にしていることを指摘している。

これは当時、その他の欧米諸国が日本人（アジア人も含む）に対してもっていた夷《い》（文明の遅れた人種）としての感覚とは明らかに違うものである。日英同盟がしっかりと機能したのも、英国人が日本人に感じたこの平等感覚の賜物であったと考えられる。

日露戦争直後の中華民国では、「恐日」（日本人に対する恐れ）と「敬日」（ロシアと対等に戦ったアジア人として畏敬）はあっても、「排日」（日本人排斥）や「侮日《ぶにち》」（日本人を侮辱《ぶじょく》にする）は無かった。

しかし、ドイツ陸軍参謀長ゼークトの工作や米国が後押しをしたことで、日本人が同胞としてアジア人に示す憐憫《れんびん》（情け）の情（福沢諭吉など心ある人々が示した）なども逆効果になり、排日・侮日気分に拍車がかかっていく。当時の中華民国の治安の乱れは、欧米列強からみても国家の体を成していないと受け取られていたのだ。

　この悪化した国内の治安維持に対する日本の現地守備隊がとった協力活動が、漢人からは外国の走狗（手先）で、裏切り者と喧伝されて反感を買い、対外排斥のターゲットとして、ますますその矛先が日本人に集中したのである。

　今日の中国や韓国の日本に対する外交や内政干渉に、その傾向がうかがえる。国家は、文化的に似ている他国からの脅威よりも、異なる文化の国からの脅威をより強く意識する（S・ハンチントン）。

満洲は芋を植える場所

　一九二九年十月、ニューヨーク株式市場の大暴落がきっかけで世界恐慌が発生した。しかも翌三十年六月、共和党政権下で成立した貿易保護法（スムート・ホーリー法）がこれに拍車をかけた。

　およそ二万品目の輸入品の関税が引き上げられ、平均関税率が約四十％という法外なものであった。共和党には伝統的に貿易保護政策をとる傾向がみられる。

この影響はまたたくまに全世界に波及する。英国は、即座に対応し、英帝国圏（カナダ、アイルランド、インド、オーストラリア、ニュージーランド、南アフリカ等）を背景にカナダのオタワにおいてブロック経済圏（現在のEUに相当）を形成して防衛した。

当然日本にも波及するが、日本は孤立経済であったためにもろに被害を被ることになる。

一九三〇（昭和五）年、井上準之助大蔵大臣がとった金本位制（金解禁）政策が失敗し、日本における恐慌はさらに悪化する（昭和恐慌）。企業の倒産、大量の失業者、農業産物価格の暴落が発生する。

翌年以降には、北海道や東北地方が冷害で大凶作となり、二千人近くの娘が身売りを迫られるような惨状となる。こうした国内困窮と移民禁止問題の解決策として、軍事的な理由とは別に満洲への進出が計画されたのである。

満洲、内蒙古、華北には満蒙《まんもう》開拓団や満蒙開拓青少年義勇軍が送られる。移民数が最多の長野県では村民の半数が移住した村もあった。それ故に、当時の「満洲生命線論」は全国津々《つつ》浦々《うらうら》にまで浸透したのである。

因みに終戦後、開拓団の引き上げに伴う帰国政策で移住地が割り当てられるけれどもさほど耕作に適さなかった土地は、山梨県の旧上九一色村《かみくいしきむら》のようにオウム真理教に売却されてサティアンが建てられたりしている。この事件は平和に慣れ切った世情を震撼《しんかん》させたが、不徹底な対応によって今日もなお尾を引いている。現在の統一教会問題対応への他山の石となろう。

　このようなテロに準ずる理不尽な行為はもとより、不正や不法行為に対する不徹底こそが民主主義の堕落を助長し、衆愚政治へと誘う遠因となり得るのである。赤軍派や連合赤軍が行った国内外での各種殺傷事件への対応もそうであった。

　米国が施行した貿易保護法の発行による悪影響はドイツ経済をも破壊し、どん底に落とされたドイツが第二次世界大戦へと向かう誘因ともなった。戦車や軍艦・大陸間弾道弾の開発競争によってではなく、国家経済の行き詰まりも戦争を引き起こす引き金になるのである。大東亜戦争も大同小異であろう。

「オレモユクカラキミモユケ狭い日本ニャ住み飽いた海のかなたニャシナがある。シナには四億の民が待つ」（聞きなれない文句だが、筆者の幼き日、島中にあふれていた）。当時本土の町々にもあふれたというこの放歌は、貧困庶民であふれた日本に蔓延した、大陸への切ない夢が込められていたのであろう。満洲は自給自足のための日本にとっての経済圏であった。

「なんとか飢えをしのぐために、満洲に芋を植えてお腹一杯食べてみたい」というせつない夢をのせたキャンペーンが、こうして日本の津々浦々《つつうらうら》（すみずみ）にまで浸透したのであろうか。

　因みに今日、満洲は中共十四億の国民の食を支える黒土地帯として見直されてきている。

三国同盟に絡む問題

日独伊三国同盟は日本にとって、一義的には日中戦争において蒋介石中国を支援する米国を牽制するために結ばれた条約といえる。

日本とすれば、米国に中国支援をやめてもらうことが当面の目的であって、欧州戦線で戦っているドイツとの同盟が必ずしも必要であったとは考えられない。

一方ドイツにすれば正面の敵は英国であって、所期の目標はこれを支援している米国を牽制することにあった。対米国に関してはこの点で両国は一致していた。

次にロシアに対してであるが、これは日本にとっては脅威であったが、ドイツにとってはそれほどでもなかったであろう。

ところがドイツは相当以前から親中路線をとっていて、日本の大陸進出を阻止してきていた。しかも中国も親独であった。

このことから、日本にとってドイツは本当に信頼できる相手であるか、疑問が残る相手でもあった。

ドイツ国防軍も伝統的に親中路線であった。ドイツ政府方針も「中独合作」、すなわち一九一〇～一九四〇年代にかけてビスマルクが対英対抗戦略とした親清・親中華民国路線を踏襲していた。ドイツ帝国、ワイマール共和国、さらにナチス・ドイツと清国間に交わされた一連の軍事的・経済的協力関係にあった。

　この関係は日中戦争直前の中国において、産業と軍隊の近代化に大きく役立っている。因みに日清戦争時の黄海海戦に参加した戦艦「定遠」「鎮遠」も、ドイツ・ステッテンのフルカン造船所で建造された当時最新鋭の甲鉄戦艦であり、基準排水量は七三三五トンの巨艦であった。

　この状況下で最も確率の高い敵の予想行動は、米国の英国への支援介入と予想される。日本にとって最も確実な脅威はロシアである。

　従ってこの情勢下で米国がとるであろう確率の高い方針は、英国に対する支援行動である。従って蒋介石支援は二義的なものであり、英国支援に比べて優先度はかなり低いと見積もられる。

　また米政府は国民と不戦の条件を契約しているために、戦争介入は簡単ではない。従って日本の出方によっては調整の余地が十分にある。

　日本のとりうる上策としては、松岡がチャーチルから得たドイツのロシア侵攻の情報を基に、日ソ中立条約の締結を調整中のまま引き延ばすことであろう。これによってロシアとは従来通り対峙のままとすることで、ドイツを側面から支援する形をとる。

　それを梃にしてドイツとは中立、または不戦条約を結ぶことで、ドイツの東アジアへの進出を牽制する。

　その結果として米国の日本への敵愾心《てきがいしん》をやわらげることができ、和平交渉進展の余地を確保できる。加えて交渉を継続中とすることで、欧州情勢の進展を見極めることもできる。

この情勢下では下手に動かないで、米国同様に時間稼ぎをすることが戦術的に最も望ましいコース・オブ・アクション（行動方針）となる。そのうちに米国はチャーチルの要請に答えざるを得なくなり、欧州に勢力（精力）を集中することとなろう。

すると蒋介石支援は二の次となる。そうこうしている中に独ソ戦の状況も次第に判明してくる。結果として太平洋戦争は避けられ、無条件降伏でない形の終戦を迎えることができたかもしれない。

日ソ中立条約締結前に、松岡は英国のチャーチル首相から「ヒットラーは近いうちに必ずソ連に侵攻する」とのＭＩ６（『００７』に代表される英国の情報機関）が得た情報を、手紙で受け取っていた。しかしこれを握りつぶして一九四一年四月十三日、中立条約を強行締結してしまっている。

この事実は、極東軍事裁判の席でイギリス側の証拠として、その手紙が提示されたことで明らかとなっている。

同盟や安全保障関係の国際条約は、必ずしも締結することにのみ意義があるのではない。締結を保留することで事態の悪化を防ぎ、また好転する場合もあるのである。親露派であったとされている松岡洋右の日ソ中立条約締結も、思い入れと成果主義の個癖によるところが大きいとみられる。

ただし、ノモンハンの戦いでロシア軍に完敗した陸軍のトラウマによる締結要請があった可能性も否定はできない。

戦時体制や戦時中に交わす条約などは戦局次第で千変万化するものであり、信頼のおけるものではない。個人的な功を焦って条約締結そのものに価値を求めると、大局が読めなくなる。本条約は領土保全と不侵略を約束する内容で有効期限五年、満期の一年前に破棄通告がなければさらに五年の自動延長を約束するものであった。

従って一九四六年四月十三日までは有効であった。にも拘らず一九四五年四月五日、ソ連は条約の不延長（破棄ではない）をモスクワ駐在の佐藤尚武大使に通告した。ソ連をよく理解していた佐藤大使は即座に、これは条約の不延長ではなく「条約の破棄」に違いないと判断して、その旨本国に打電する。

ところが鈴木総理も東郷外相や外交中枢も、条約はなお一年有効であると期待して、ソ連に対して米英との条件付き終戦交渉の仲介を依頼しているのである。

スターリンにとっては鴨《かも》が葱《ねぎ》を背負って来たようなものだっただろう。彼は日本に所在していたスパイ・ゾルゲからも情報を得ていたであろうが、未だ満洲方面の日本陸軍を軽視してはいなかったであろう。八月八日、ソ連は安心して満洲や千島列島への侵攻を開始するのである。

それにしても一九四五年二月、ヤルタ会談をしたルーズベルトやチャーチルは日露間の不戦条約を知っていたにもかかわらず、スターリンをヤルタ会談に引き込んでいるのである。

日本が恭《うやうや》しく戴いて信頼してきた欧米の万国公法とは、そんな程度のものであったのだ。日本外交は情緒的で我田引水的でもあって、さらに相手を信じやすかった。これは万国公法が文明開化の花形として導入され、神聖化（現在の憲法同様）されたことに起因していると思われる。

坂本龍馬も信頼できる近代化の象徴として日本刀の次に拳銃をあげ、最終的にこの万国公法をあげているのである。金科玉条《きんかぎょくじょう》（何よりも大切）として奉ったその裏返しに、相手も自分と同じように考えていると信じ込んでしまう。

今日では国際法も儒教精神を取り入れて大分と信頼性を高めてはいるが、情緒的な理解は禁物である。言わずもがなではあるが、外交とは外交官（人と人）同士で行っているが、あくまでも国家対国家の折衝であることを忘れてはならないだろう。

国防や外交に関わる為政者や担当者の戦略的思考に係る資質や判断能力が、国益にとっていかに大切かを歴史は語っている。

関ヶ原の戦いの後、息子の黒田長政が家康から戦勝の労いに、しっかりと手を握られたと父官兵衛に得意げに告げた折り、官兵衛が「その時お前の左手は何をしていたのか」と尋ねたという。

右手で握手をしている時にも、また戦が終わってまもない時でさえ、既に次の一手を考えておくべきだということか。このことが戦略や外交の基本であろう。人間性（性善説や性悪説）

云々は適用除外されるべきであろう。

ある識者は次のように述べている。「私は昭和二十年代、フランス留学組であった。仲間の多くは共和制のフランスを理想化し、天皇のせいで日本の市民社会が成熟しないと主張していた。また米国留学組は大統領制を支持していた。穏健だったのは英国研究者たちで、英国が立憲君主制であって『君臨すれども統治せず』の治世にあったからだろう」と。

外務省のチャイナスクールやロシアンスクールのメンバー、あるいは駐在武官や外交官が担当の国を好きになったり、嫌いになったりするのは一向に構わない。ただし漂流しないように、軸足だけは常に本国に置いていて頂きたいものである。

しかし島国に育った者は、安心できる仲間を求めたがるものである。

最後通牒《つうちょう》に関わる問題

一九四一年十一月二十六日、米国から最終的に提示された「合衆国及日本国間協定ノ基礎概略」は、ハル・ノートと呼ばれ日本にとって最後通牒とされてきた。

しかしその英語による冒頭には、テンタティブ&ウイズアウト・コミットメントとあり、明らかに米議会の承認を得た正式な文書（ウイズコミットメント）ではなく「覚書《おぼえがき》」（メモ）の性格を持ったもので、内容はともかく「両国の意見調整のための叩き台」と読めるものであった。

形式としては最後通牒といえるほどのものではない。民主主義が発達して既に国民国家が成熟していた米国では、国民の代表によって構成された議会の承認を得なければ、どのような法案も効力を持たないといえる。

米国は国際連盟やＴＰＰ（環太平洋パートナーシップ）加入などに見られるように、イニシアチブをとっておきながら議会の承認が得られないで途中で抜ける場合が多い。

この最終覚書が提示される一年ほど前、日本軍や日本政府において対米和平の機運が盛り上がらないために、民間の心ある人々によって和平交渉が始まる。

一九四〇（昭和十五）年十一月、米側からウォルシュ司祭とドラウト神父が来日し、当時産業組合中央金庫理事の井川忠雄と接触することになる。

その後井川は、陸軍の岩畔《いわくろ》豪雄《ひでお》（京都産業大学設立者）と協力して「外務委託」の資格で渡米して協議を始めた。井川・ドラウト案を基に修正案が作成され、翌年四月十六日野村駐米大使とハル国務長官との間で「日米諒解案」が合意される。

しかしこの諒解案の内容において、ハル国務長官が提示した四原則を野村大使が独断で日本側に伏せて伝えなかったのである。この四原則は外交交渉の常識に照らしても、到底日本側がのめる内容ではなかったからである。因みに戦後発覚した米陸軍情報機関の調査報告書『ベノナ文書』によれば、ハル・ノートの原案を起草した当時財務次官補であったハリー・Ｄ・ホワイトは、日米衝突を企むソ連スパイ組織の一員であったとされている。『ベノナ文書』とは、

1940~1950年の間にソ連のスパイ組織が米政府機関等に行ったとされる工作活動の実態を記した文書である。

このことから、米国は最初から和平交渉の意志がなかったものと判断されてもおかしくないものだった。四原則を除いて提示された諒解案に対して、今度は外務大臣の松岡洋右が反対する。自分が交渉中の日ソ中立条約の成立を待って、修正を加えてから再度提示するよう指示する。その後、日ソ中立条約が締結され、松岡の意向を入れた修正案が五月に作成されて米側に提示される。

しかし、松岡の強硬な意見が反映された修正案の内容を危惧《きぐ》（心配）した野村大使は、またもや案文の一部を米側に伝えなかった。お互いに肝心な部分に触れないで延び延びとなっているうちに六月になって、遂に米国が待ち望んでいた独ソ戦が開始される。

それを受けて、手はず通り米側が強硬路線に転換する。七月に入って日本の南部仏印（ベトナム）進駐が始まって、米国による対日全面禁輸となって交渉は暗礁《あんしょう》に乗り上げる。

遂に十一月二十六日、ハル・ノートの最終案が野村大使に提示されるのである。繰り返すがその案は米国議会に諮《はか》って承認された正式なものではなく、飽くまでも試案である。これで交渉は全て打ち切りというものではなかった。まだ最後の望みは残されていた。

それが米国大統領から天皇陛下への親電となったのである。米側もあまりにも日本を侮辱《ぶじょく》（軽視）した国家間交渉に気が咎《とが》めたのであろう。しかしその親電も日本陸軍において伏せられて、天皇陛下にまで届かなかったのである。

民主主義の発達した国民国家であった米国の内情を十分に理解できなかった為政者や関係者は、このハル・ノートを正式な最後通牒と受け取ったことであろう。また主戦派の軍部や強行論者は、そのように思い込もうとしたであろう。

ところがこの時点での米国は、まだ戦時動員（戦争に備えて軍編成を見直し、兵士を招集する）をかけておらず、経済制裁で日本の動きを牽制していたのである。米国としては最初から合意の意志はなく、欧州情勢の推移を見届ける時間稼ぎであったようだ。

なお和平交渉の過程においてドイツとの同盟破棄を迫る米国に抵抗し続けた松岡外務大臣は、自説を主張する理由として同盟国ドイツへの「信義」にも欠けるから譲れないと述べている。

このドイツに対する日米双方の対処の違いが、本交渉において大分とネックになっていたようである。米側は英国からの情報に基づき、ドイツのロシア侵攻を待ちつつ和平交渉を引き延ばし、日本側はドイツに義理立てしてドイツとの同盟破棄について悩んでいる。

万国公法と国際信義

松岡洋右が固執《こしつ》した「国際信義」（条約の順守）については、おそらく当時の知識人たちが参考にしたと思われる重野《しげの》安繹《やすつぐ》の著書『和訳万国公法』を参考にしたと思われる。当該著書によれば信義とは恕《ゆるす》と解釈されていて、「他者に対して自分のことのように思いやること」と解釈され、儒教倫理観で理解されていた。

その後この万国公法（条約）は、ちょうど聖書やコーラン、あるいは教典のようにして受け取られることになる。坂本龍馬が万国公法書を得意げに振りかざして文明開化を説いたことは有名である。

このことから類推すれば、松岡の考え方は決して間違いとはいえない。外交における条約（約束）が信義に基づかなければならないとしたならば、儒教の性善説に倣《なら》った考え方をする日本人にあっては、呪術《じゅじゅつ》性や呪縛《じゅばく》性を伴うほどの固い契《ちぎり》と受け取られたことであろう。あるいは血判《けっぱん》を交わした血盟同盟、さらには約束を破った場合には言霊《ことだま》（幽霊）ともなって前身全霊を支配するほどのものともなったであろう。

欧米からすれば、それはむしろ融通《ゆうずう》の利かない単なる法律至上主義であるといわれそうであるが。

もともと万国公法は単なる約束（契約）事の書付として生まれたものであり、精神性や倫理の観念をもったものではなかったはずである。それほど欧米と日本の間には感覚や感情のずれがあったのだ。

実はこの日本人の信義（条約）に対する考え方こそが、世界平和を願う人類にとってぜひ必要なことと思われるのだが。果たして今日、諸国のコンセンサスが得られるかどうかわからない。

今次ウクライナに侵攻したプーチン氏の行動や日ソ中立条約を破ったスターリンの行為、さらにはＷＴＯの規約をごまかして大きく経済発展を遂げた中国の行為は、世界において異例で特別なことではないのである。

その証拠にいずれの行為も反省の兆しは全く見られなかったけれども、日本ほど批判を受けていないのである。独り日本だけが欧米から与えられた文明と名の付いた条約を、神棚《かみだな》に上げて大事な物として国家の命運をもかけて守ったのである。

今日の護憲の姿勢と全く同じだ。そのために被らないで済んだかもしれない惨禍《さんか》を独りで身に受けることになったのである。

約束を守ったことが、また相手を思いやったことがその災いをわが身に受けることになったのである。欧米のように早々に裏切っていたら、その災いは免れていたであろう。裏切られたと言うべきか。馬鹿正直というべきか。はたまた世界平和のためにキリストの役をわが身に引き受けたというべきか。

ハル・ノートに関する反省としては、インターナショナルやグローバルといった冠詞の付いた外来語の理解について、日本人は十分に気を付けて理解することが大事である。律令時代に、文明の進んだ中国から、法治主義や科挙制度、また宦官《かんがん》制度（去勢《きょせい》された男子を宮廷で使用する）及び纏足《てんそく》（女性の足指を縛って発育を抑える）、さらには、女性蔑視などの政策や習慣を受け入れなかったように。

日本人は一般に、言語に粘着性《ねんちゃくせい》を込めて理解する性質を持っているといえる。こうあってほしいとか、こうあるべきだなどと、言語に祈りを込めて理解しようとするのである。言語は思想や考えを伝える単なる道具にすぎないと割り切らなければ危険でもある。インターネットやSNS上での連絡が主になってきている今日では、多少は改善されているようではあるが未だ不十分といえる。

米連合軍の沖縄上陸

律令時代に夷人《いじん》（野蛮人）の住む島と呼ばれた奄美大島や沖縄諸島。太平洋（米国側）と東シナ海（中国側）を東西に区切る南西諸島を形成し、今日では中国をにらんで地政学的にも敏感で重要な位置を占めている。

南西諸島のほぼ中間にあって、中国の太平洋への覇権進出を阻んでいる。

千島列島を形成してオホーツク海を囲み、ロシアの太平洋への覇権を阻《はば》んでいる北方四島と同様に、重要な任務を帯びているのである。それはすなわち一番先に侵略や侵攻を受ける可能性が高いということでもある。

一九四五（昭和二十）年三月二十六日、日本政府がポツダム宣言を受け入れるかどうかを悩んでいた頃。九州南方の海域では米軍による日本本土上陸作戦が準備されていた。

その第一段階として、沖縄上陸作戦の火ぶたがまさに切られようとしていた。

その矢先、米陸軍の第七十七歩兵師団が先頭をきって慶良間諸島に無敵上陸をしたのである。同諸島には住民は居たが、日本軍の守備隊は配備されていなかったのである。これは日本軍の誰も予想していなかったことであった。

米軍はまずこの諸島を修理補給や野戦病院などの拠点として確保した後に、沖縄本島への本格的な上陸を開始したのである。

当時米軍は既に周辺の制海権及び制空権を確保していたにも拘らず、まず後方支援のための拠点を確保したのである。日本軍の行き当たりばったりの攻め方ではなかった。

因みに第一次リムパック演習参加や日米共同作戦を担当した筆者の経験からしても、日本側に派遣されてきた米軍の予備役士官たちは、日本国内の空港や港湾の特徴や備蓄燃料の種類や量、はては交通機関の便などの各種情報について細部にわたって把握していた。

真にプロフェッショナルな軍人たちであり、米軍の士気の高さに感心させられたのである。

沖縄への上陸作戦実施中、突然ローマ軍の方面執政官が命令を出すようにして米海軍軍政府指令第一号が発せられた。発信者は米太平洋区域司令長官兼南西諸島の軍政府総長C・W・ニミッツとなっていた。（総務局渉外広報部文書課資料）

この布告はニミッツ布告と通称されている。その内容は、奄美大島を含む琉球列島以南の島々の日本政府による行政権・司法権を停止し、ニミッツ提督が同区域の政治及び管轄権を握る最高責任者であることを宣言するものであった。

この指令によって奄美及び沖縄諸島は本土から分割されることになったのである。

それにしてもなぜ米軍は慶良間諸島に無敵上陸できたのか。

その理由は幕末のペリー来航にさかのぼるとみられる。

ペリーは一八五四年三月三十一日の日米和親条約締結とほぼ同時に琉球との間に琉米修好条約をも結んでいたのである。

彼は浦賀来航の前年、一八五三年五月二十六日既に那覇に寄港していて、以降五回にわたって那覇を訪れ沖縄の港湾、地質、植物、天文などを綿密に調査し、米海軍の補給及び海外展開基地として適地であるとの報告書を作成していた。

ペリーの綿密な調査報告書の情報は沖縄戦に活用されて、日本軍が予想もしなかった慶良間諸島への先制無敵上陸となったと考えられる。

ペリーが訪れた頃の琉球や奄美は、薩摩藩の政権下にあったけれども、対外との交易による財貨獲得を目論む薩摩藩はそのことを隠して、明王朝の冊封下（支配下）にある琉球・奄美と偽って海外貿易や密貿易を盛んに行わせていた。

因みにイギリスは明治十五年に七隻の軍艦を奄美大島田検村に入港させ一週間かけて周辺の港湾を調査している（昇 曙夢著『大奄美史』奄美社・一九四九年）。日英同盟締結の二十年も前のことである。

欧米諸国の南九州から南西諸島や台湾にかけての地勢への深い知識には歴史がある。

一六七三（延宝元）年、英国船リターン号長崎入港。

一八〇四（文化元）年、レザノフが乗ったロシア船ナジェジダ号の長崎寄港に始まって、一八〇八年オランダ船を偽装した英国フェートン号が長崎港に侵入し、出島のオランダ商館員二名を人質にとる。その結果、国禁侵犯の責任をとって長崎奉行は自刃をとげる。

一八四四（天保十四）年、オランダ・パレンバン号がアヘン戦争を知らせる「親書」を携えて長崎へ入港する。その後、一八五三（嘉永六）年、ついにペリーが浦賀に来航したのである。

国家を代表するこれらの軍艦は、かつての遣唐航路とは異なって、アラビアやインド方面からマラッカ海峡を経由して南方から長崎に寄港していたのである。

ニミッツ布告が発せられて以降、昭和二十八年十二月二十五日に奄美大島が、昭和四十七年五月十五日に沖縄が本土復帰するまでの間、この布告は効力を発揮することになる。

一般に占領に伴う軍政は陸軍が担当するのであるが、この時は海軍が担当し、しかも日本政府のポツダム宣言受諾の数か月も前にこの布告が公布されたのである。

Ｅ・Ｂポッター著『ＮＩＭＩＴＺ』（アナポリス海軍協会：１９７６）によれば、第一に日本政府が宣言受諾を引き伸ばしつつソ連政府を仲介に和平交渉を模索していることを暗号解読で知った米側が、戦後の占領政策に大きな支障をきたすと判断したこと。なぜなら、ソ連を介入させたら北海道はおろか南西諸島までも要求される危険性があると考えたからだ。日本政府の愚かさを嘆いている。

第二は太平洋方面の米軍の作戦遂行に当たって、陸軍と海軍の作戦方針に相違があり、最後までコンセンサスをとるのが困難であったとのこと。

その原因は、国民的にかなり人気のあったマッカーサーの意見を無視することがなかなかできなかったからのようである。民主主義社会における国民の人気は、時として正論に勝る。そのために、陸・海・空・海兵による統合作戦であった沖縄上陸作戦に引き続いて実施される、日本本土上陸作戦の遂行に支障をきたす懸念があったとのこと。

この作戦全体は「オリンピック作戦」と呼ばれていて、沖縄攻略後、奄美大島を皮切りに大隅・五島・対馬の攻略と並行して、九州への航空爆撃や上陸作戦を行うものであった。

従って、以後の主要作戦は、海軍の方針に従って実施することを既成事実化させる必要があったからだ。

日本軍と同様に、米軍も陸軍と海軍の間で作戦方針に違いがあって悩んでいたようである。国家や総力戦において、このように人気があって能力もあり、押し出しの強い一人の人物の存在が、時として国家や組織にとって大きな障害や弊害となることがある。

記憶すべきであろう。

終戦後、情勢が落ち着いた以降の在沖縄施政長官は、従来の慣例通り海軍に代わって陸軍の将官が歴任したのである。

日中戦争時の米国の親中政策

第二次世界大戦終了後から冷戦終結までの米国の対ソ戦略は、大体うまくいったといえる。一九八九年十二月三日、地中海マルタ島でのブッシュ大統領とゴルバチョフ大統領の冷戦終結宣言で、冷戦は一応幕を下ろした。

しかしながら日中戦争から今日までの米国の対中戦略に関しては、二転三転と定まらず、むしろ誤りが多かったと評価すべきであろう。それは米国の歴史の浅さに起因しているとみられる。米国にとってアジア、特に中国は理解し難い相手とみえる。

日中戦争から太平洋戦争に至るまでの、F・ルーズベルト大統領の親蒋介石及び親スターリン政策とも受け取れる対応が、以後の世界情勢に大きな禍根《かこん》（災《わざわ》い）を残したことは確かである。大統領のとった方針は必ずしも米議会のコンセンサスを得たものではなく、大統領の個人的な感情による場合もかなりあったとされている。

当時対清国貿易を担っていた仲買商人たち（ブローカー）は巨万の富を得ていて、米国最初の億万長者となっていた。その富は政治献金として多額が政治中枢に流れていたようである。加えて米国内には、パール・バックや中国在住の宣教師などの親中著書や手記などを利用した、排日キャンペーンの高まりもあった。

義和団事件直後の崩壊寸前の中国に列強の一員として通商に加わった米国は、中国を国家としてではなく巨大な市場としてみなしがちになっていた。

当時の米国にとって中国（清）は、日本とは反対に軍事的脅威の全くない、数億の民がひしめく単なる消費市場として映ったのである。その体験がなかなか頭から離れなかったようである。従って朝鮮戦争や中国のベトナム侵攻、天安門事件などがあって一時的に関係が冷え込んだりするけれども、ほどなく改善に向かうのである。

一九七一年のキッシンジャー国務長官の中国訪問を契機とした対中関与政策は、ベトナム戦争の行き詰まり打開のための方策でもあったとは言え、カーター政権にも引き継がれ、二〇〇九年のオバマ大統領に至っては、個人的な関係からも、より一層親中的であったといえよう。後半はようやく正常に復したようだが。

米国の対中政策のぎこちなさは、米国の歴史の浅さに起因している部分が大きい。

米国が中国大陸と初めて接した時の中国「清」は、国家としての体を成しておらず欧米列強の侵略・侵蝕にあって崩壊寸前の状態にあった。

従って米国は徹底的に商人の目で中国を見ることに慣れてしまって、軍事国家として想像することがなかなか難しいようである。

それは同時に、隋・唐時代から明の時代までの長期にわたる朝貢貿易に慣れ親しんできた日本にも、いえることでもある。

幸いなことに、日本は清の時代になって日清戦争を経験することで、中国を一応軍事国家（ドイツによって近代化された）として見直す機会に恵まれた。

それでも長期に渡る朝貢制度による付き合いの歴史の影響は大きく、まだ目の覚めない知識階級の人々も多くいるようだが。

一方米国も共産化した中国を、軍事国家として見直す機会が何度も訪れたけれども、持ち前の商人根性の高まりによって、その度に失策をおかし今日に至っている。

シャイロック・イムズとで言えそうなこの商売根性は、国益至上主義国家としての米国に深く食い込んでいることが認識されなければならない。この根性が生きているかぎり、米国の失策は繰り返されることになるだろう。

なぜなら米国は、中国とは太平洋によって大きく隔てられていて、日本以上に中国の脅威が真に身に沁みないからである。

米国は日本から見たら大陸国家といえるだろう。しかし、米国の海軍軍人たちはほとんどが、米国は海洋国家であると言う。マハン以来の米国の海洋戦略にもそれは現れているといえる。

第二次大戦後の米国は、曲がりなりにも責任ある大国として双子の赤字（財政・貿易）を抱えつつ、自国の経済復興と併せて世界戦争や局地紛争、テロの抑止と対共産主義勢力（盟主《めいしゅ》ソ連）の台頭を抑えてきた。

戦争抑止のための国際機関として国際連合を設立し、米ソの冷戦下においては何とか機能させて世界大戦の勃発を防ぐとともに国際的なテロ防止にも貢献してきた。

今後の米国にも、双子の赤字はなお懸案事項として懸念されるであろう。その解決のためには間違いなく中国の巨大市場が必要となってくる。

従って、いずれまた国益至上主義の親中派が頭をもたげてくるであろう。その時の日本のとるべき方策について、今から検討しておくことは無駄ではないだろう。

配置と責務

外交の歴史では日本外務省の不祥事《ふしょうじ》として、日米開戦を告げる最後通牒の米側への手交遅延が挙げられる。手筈通《てはずどお》りに真珠湾攻撃の前に手渡されなかったのだ。

当該関連電報が発信された時間帯、開戦直前の緊迫した局面にもかかわらず、ワシントンの日本大使館には誰一人宿直している者がいなかった。着信電文解読を中断して、人事異動に伴う送別パーティーを開いていたのだ。

その任にある者が責務を果たさなかったのである。その結果、開戦の提示が遅れて騙し打ちとなり、リメンバーパールハーバーとして後々まで恨みを買うことになった。それでも、国家の一大不祥事を犯した責任者も含めて誰も更迭《こうてつ》されていないのである。

また一九七三年八月八日、ＫＣＩＡ（韓国中央情報部）によって東京都千代田区のホテルから大統領になる前の金大中が拉致されて、船で韓国に連れ去られる事件が起きている。

この事件は明らかにわが国権を犯した重大な事件であった。にもかかわらず、これに対して韓国は公式謝罪も関係者の聴取も全て拒否したまま、本件は終了している。

また、慰安婦関係調書結果の発表に絡む河野談話の内容が内外に及ぼした大きな弊害についても、誰も責任をとっていないし反省もされていない。

北朝鮮による拉致もそうである。一事が万事こうした事の積み重ねが韓国や北朝鮮の日本に対する態度を生み出し、引いては周辺の国々が日本を軽視することにつながっているのである。

さらに、対共産主義対策（レッド・パージ）として国際勝共連合（統一教会）を政治に利用したことで、逆にミイラ取りがミイラになって利用されるような結果を招いている。

これまでのわが国の、韓国に対する極端とも思える弱腰外交は、このことにも起因しているのではないかと邪推《じゃすい》されるほどである。この腐れ縁を断ち切れるかどうかも、今後の対韓国・対北朝鮮外交に少なからず影響するとみている。

国防とは何も軍事力によるのみではない。為政者の言動はもとより、国柄（国民性）も国防の根幹なのである。

「担当者」（その責任を負う者）とは何者か。国難や大規模災害から事件・事故・不祥事に至るまで、一体誰が主導権と責任をもって対応すべきか。またそれに対する責任の取り方はどうあるべきかをしっかりと決めておき、それに従って粛々《しゅくしゅく》（淡々《たんたん》）と実施できるように定めておくべきである。

すなわち組織における司司《つかさつかさ》（役目ごと）の役割と責任を明確に定めておいて、それを厳正に淡々と実行させることである。

スペインの無敵艦隊を打ち破った英国海軍提督ネルソンの最後の言葉「私は、私の任務を果たした」。飾らず気負いもなく淡々として逝《い》ったその姿こそ、大英帝国を支える柱ともなったのである。

温情主義や行き過ぎた平和主義及び不徹底な対応は、かえって公序良俗《こうじょりょうぞく》の世を乱し、不穏な世を招くことになることを肝に銘じる必要があるのではないだろうか。

第四章　第二次大戦以降の米国の安全保障戦略

かつて、科学の進歩は軍事から民間産業へと流れていた。航空機産業、自動車、造船、情報通信と、今日の世界産業をけん引してきた業種のほとんどがそうである。また、赤十字の創立や、大規模災害及びコロナウイルス発生に伴うパンデミック等に際して負傷者や罹患者への対応の優先順位を決定しているトリアージの考え方も、軍事医療に端を発している。

このように、かつては軍事や兵器開発などに費やされた費用や技術が、民間の科学技術の発展に大きく貢献してきたのである。

現在中国が実践している軍産複合体（官民融合政策）こそが、自由主義経済には反しているものの富国強兵（国益追求）の最も効果的な方策であることは間違いない。

この軍産複合体（ＭＩＣ）政策は、一九六一年、アイゼンハワー大統領が退任演説において「民主主義への脅威になってきている」と警告を発したほどに各国で顕著になってきている。

当時の米国はロシア一国を強く意識していて、中国はまだ眼中になかった。第二次世界大戦後の米国の世界戦略（パックスアメリカーナ：米国を中心とする新華夷秩序ともいえる）の推移について、年代を追ってみてみよう。

歴代大統領の政策

F・ルーズベルト政権【国際連合構想】（一九三三～四五年：民主党）

提唱者　C・ハル

背景　第一次世界大戦の終結と世界恐慌

　　日中戦争勃発（一九三一）

　　第二次大戦勃発（一九三九）

　　日独伊三国同盟締結（一九四〇）

　　ヤルタ会談（一九四五、米英ソ、中国は除外）

実施　ニューディール政策（経済振興政策）

　　戦時下の親ソ・親中政策（戦後に失策を悟る）

　　中国人移民排斥法の廃止

　　国際連合創設（ハル国務長官ノーベル平和賞受賞）

トルーマン政権【封じ込め戦略】（一九四五〜五三年：民主党）

提唱者　Ｊ・ケナン

背景　第二次大戦後の共産主義の台頭（レッドパージ政策を招く）

ソ連原子爆弾保有宣言

米の原爆独占と無敵の戦略爆撃機部隊の保有

中華人民共和国成立（一九四九）

朝鮮戦争勃発（一九五〇）

コメコン会議開催（共産主義諸国間）

日米安保条約調印（一九五一）

実施　トルーマン・ドクトリン（ソ連封じ込め政策）

マーシャルプラン（欧州経済復興援助計画）＝共産化防止のための経済援助政策

タフト・ハートレー法（ストライキの多発から労働者の権利を制限：一九四七）

ＮＡＴＯ結成（一九四九）

アイゼンハワー政権【大量報復戦略】と**【段階抑止戦略】**（一九五三〜六一年：共和党）

提唱者　Ｊ・ダレス（大量報復）

背景　原子兵器による報復力の増大

戦略空軍力の保有
通常戦力削減の必要性
朝鮮戦争休戦協定調印（一九五三）
東南アジア条約機構成立（一九五四）
自衛隊発足（一九五四）
ワルシャワ条約機構成立（一九五五）
キューバ革命でカストロ政権誕生（一九五九）
石油輸出機構（ＯＰＥＣ）結成（一九六〇）

実施　大量報復力を確保する。
巻き返し政策＝ソ連封じ込め
軍産複合体の進展への懸念

提唱者　Ｈ・キッシンジャー（段階抑止）

背景　戦術核の出現、局地戦の必要性
ＥＣ（欧州経済共同体）結成（一九五七・後にＥＣとなり今日のＥＵとなる）

実施　戦術核により限定的に対応する。

ケネディ政権【有限抑止戦略】と【柔軟反応戦略】（一九六一～六三年：民主党）

提唱者　P・バッカス海軍中佐

背景　ポラリス潜水艦の出現

残存性と第二撃報復能力の必要性

キューバ危機（一九六二）

東ドイツベルリンの壁構築（一九六一）

ケネディ暗殺（一九六三・一一）

実施　対都市攻撃能力を確保する。

ニューフロンティア政策（経済振興政策）

アポロ計画

全面戦争を回避する。

提唱者　M・テーラー

背景　長射程ミサイルではソ連有利

通常戦力整備の必要性

実施　核にも通常兵器にも対処する。

部分的核実験禁止条約（米ソ英間、一九六三）

ジョンソン政権　【被害極限戦略】と【確証破壊戦略】（一九六三～六九年：民主党）

提唱者　Ｒ・マクナマラ

背景　対ソ全面戦争回避と奇襲攻撃への対処
共産圏諸国全てを警戒対象国とする
ベトナム戦争本格介入（一九六四）
中共原爆実験に成功（一九六四）
公民権法成立（一九六四：人種差別否定）
日本ＯＥＣＤ加盟（一九六四）
黒人解放運動活発化
中国文化大革命始まる（一九六六）
ＡＳＥＡＮ創設（一九六七）
ＥＣ（ヨーロッパ共同体）発足（一九六七）
キング牧師暗殺（一九六八）

実施　戦略兵器、通常戦力の効果的運用を図る。
ソ連を確証破壊することにより近代国家として再起不能にする。
一九六八年核拡散防止条約（六二か国）

ニクソン政権　スローガン【法と秩序】（一九六九～七四年：共和党）

背景　中華人民共和国国連加盟（一九七一）
　　ピンポン外交（一九七一）
　　東西ドイツ国連加盟（一九七三）

実施　金ドル交換停止（ドル防衛・一九七一）
　　沖縄返還協定調印（一九七一）
　　ウォーターゲート事件発覚（一九七二）
　　ニクソン訪中（一九七二）
　　米中共同声明（一九七二）
　　第一次戦略兵器制限交渉（米ソ、一九七二）
　　弾道弾迎撃ミサイル制限交渉（米ソ、一九七二）
　　ベトナム撤兵（一九七三）

注　ピンポン外交　一九七一年三月二八日～四月七日の間、名古屋において世界卓球選手権大会が行われた。それまで日米と国交がなかった中共を「村岡久平」日中文化交流会事務局長が中国まで出かけて行って周恩来と謀《はか》って参加の運びとなった。

大会中に米国の選手が誤って中国人用のバスに乗ったところ、周恩来に友好第一を言い含められていたとみられる中国の選手たちは彼を歓迎し、握手を交わした。これをきっかけに米選手団が日本から直接北京に招かれて、中国で熱烈な歓迎を受けることとなった。この仕掛け人は勿論周恩来であった。

同年七月、キッシンジャー氏が極秘訪中し、翌年ニクソン大統領が訪中することとなる。しかしキッシンジャー氏との会談において周恩来は、「日本が経済力を持てば軍事大国化する恐れがある」と言って、米国に経済的圧力をかけるよう強く求めているのである。

日本の対中外交や友好とはこんなものであるのか。

後のカーター政権以降の関与政策に対しては「バスに乗り遅れるな」として今日の中国を生み出す手助けともなっている。

注

米中再接近　一九六九年、中ソ国境紛争が勃発して中ソ関係が悪化する。このために周恩来が西側との接近を企てるけれども、一時毛沢東に反対されたようだ。

その頃ベトナム戦争が泥沼化していた米国は、その収拾と十数億の巨大市場を持つ中国に再び目を向けた。

民主党のマンスフィールド上院院内総務（後に駐日大使を務めた）などが、中共との会談をニクソン大統領に働きかける。

ニクソン大統領は次期大統領選をにらんで、何か成果がほしい時期でもあった。そこで大統領補佐官であったキッシンジャーと謀って一九七一年四月十日、彼を秘かに北京に送り込んで事前工作をさせる。ちょうどピンポン外交直後の追い風が吹いている頃である。

その結果同年七月十五日、中共側から訪問要請があったとして、それを了承する形で翌年二月、例の電撃的といわれる中共訪問を実現させるのである。しかし米国内の反共主義者たちからは反対されているが、国民の大半はこれを容認している。

一方、中共国内においても親ソ派による反対があり、その主導者であると見られていた林彪《りんぴょう》は、ソ連への亡命途上モンゴル上空で搭乗機の不慮の墜落事故によってなぞの死を遂げている。

カーター政権【相殺戦略】（一九七七〜八一年：民主党）

提唱者Ａ・シュレジンジャー

背景　多弾頭ミサイルの開発進展

　　　ベトナムがカンボジア侵攻（一九七八）

　　　ソ連アフガニスタン侵攻（一九七九）

ミサイル命中精度の向上
米中国交正常化（一九七九）
ホメイニ氏イラン革命（一九七九）
スリーマイル島原発事故（一九七九）
モスクワ五輪ボイコット（一九八〇）

実施　相手が核兵器で攻撃しても無駄であると悟らせる。
　　　敵中枢攻撃能力を確保する。
　　　第二次戦略兵器制限交渉（米ソ、一九七九）

以降、米中関係の蜜月が続くことになる。

ニクソン大統領の中国訪問後、一九七五年のフォード大統領の訪中、そして七七年にはカーター大統領が米中共同声明を再確認し、ついに七九年一月に国交樹立が発表され、台湾から中共へと米中関係が大きくシフトされることになる。

レーガン政権【多正面柔軟反応戦略】（一九八一～八九年：共和党）

提唱者　C・ワインバーガー

背景　相殺戦略の限界による新技術開発の必要性

敵に壊滅的脅威を与えずに抑止する必要性
双子の赤字（日米貿易摩擦）
ソ連軍機大韓航空撃墜（一九八三）
チェルノブイリ原発事故（一九八六）
ブラックマンデー（ニューヨーク株式市場大暴落：一九八七）

実施

防衛、抑止、平和の回復を図る。
欧州、中東、南西アジア、東アジア、太平洋を死活的重要地域とする。
米軍グレナダ侵攻（一九八三）
レーガノミクス（経済政策：国防費拡大）
プラザ合意（ドル高是正：一九八五）
中距離核戦力全廃条約調印（米ソ、一九八七）

一九八三年頃からは対中輸出管理が見直され、一九八四年には日本並にまで許容されることになる。

UH60ブラックホーク対戦車ヘリコプター、C１３０輸送機、ジャガー戦車、グラマンFC1やロッキードY8C戦闘機などの供与や共同開発がなされる。

ここまで米側の中国に対する軍事供与が進むとは、当時の防衛庁側も予想していなかったかもしれない。

供与の理由は、米軍部内に未だなお流れている大日本帝国陸海軍の亡霊（トラウマ）によるとも考えられるが、民主・共和両党の商人魂（国益至上主義）の一致によるところが大きいとみている。

この件に関しては東アジアにおける軍事バランスを保つための構想（ＥＡＳＩ）の中に現れている。

ブッシュ父政権【地域防衛戦略】（一九八九～一九九三：共和党）

提唱者　Ｒ・Ｂ・チェイニー（愛称：ディック・チェイニー）

背景　ソ連崩壊と地域的脅威の顕在化

六四天安門事件（一九八九）

ソ連軍アフガニスタン撤退（一九八九）

東西ドイツの統一（一九九〇）

対中最恵国待遇撤回法案下院通過、しかし上院で審議されず廃案（一九九〇）

コメコン解消（一九九一）

独立国家共同体（ＣＩＳ）創設（一九九一）

ＥＵ（欧州連合）発足（一九九三）

実施　戦略防衛、前方展開、危機対処、　戦力の再構築能力を確保する。

米軍のパナマ侵攻（一九八九）

米ソ首脳マルタ会談（冷戦の終結宣言一九八九年一二月）

以後米国による一極覇権時代となる

湾岸戦争（一九九一）

第一次戦略兵器削減条約（米ソ、一九九一）

化学兵器禁止条約（国連、一九九二）

天安門事件後は中国への武器輸出禁止、軍事交流禁止、政府高官の交流なども禁止せざるを得なくなる。

中国への最恵国待遇撤回法案は下院で可決されるけれども、上院で審議されずに廃案となる。どの政党も経済的要請に配慮しなければならない米国の国情がうかがえる。今後も双子の赤字に対する杞憂《きゆう》（心配）は、依然として米政権に重くのしかかるであろう。

一九八九年六月四日、天安門事件の勃発によって西側主要国から中共に対し人権状況非難が起こったために、米国はしぶしぶ対中武器禁輸及び経済制裁を科すことになった。

しかしほどなくこの制裁の解除に向けて米国経済界及び日本政府が協力して、今日の中国誕生に向けて動き出すことになる。

クリントン政権【同時二正面大規模地域紛争対処戦略】（一九九三〜二〇〇一年：民主党）

提唱者　Ｒ・アスピン

背景　冷戦後の地域紛争対処、特にペルシャ湾での紛争と朝鮮半島の同時対処の必要性
中国の最恵国待遇延長を再決定（人権問題と切り離す、一九九四）
香港変換（一九九七）
北朝鮮テポドン一号発射（一九九八）
ＥＵがユーロ導入（一九九九）

実施　地域紛争重視戦略
北米自由貿易協定調印：（一九九二）
本土からの戦力投入重視（前方展開戦略の見直し）
海外展開兵力は欧州削減・東アジアは維持する。
戦略防衛構想は放棄する。（ソ連崩壊による）
弾道ミサイル防衛計画に着手する。
技術開発において軍事優先から民生重視に転換する。
第二次戦略兵器削減条約（米ソ、一九九三）
「関与と拡大の国家安全保障戦略発表」（一九九四）

「新世紀の国家安全保障戦略発表」（一九九七）関与政策は引き継がれる

一九九五年、中共軍部副参謀長が「アメリカが台湾に介入したら中共は核ミサイルでロサンゼルスを破壊する」と発言する。

核使用をちらつかせて脅《おど》す手法は、プーチン氏以前に既に中国が行っていたのである。しかし当時の中国核戦力は、米国の脅威となるまでのレベルに達していなかったために、インパクトはさして大きくなかった。

翌年、台湾の総統選挙に際して中共が台湾海峡でミサイル演習を実施して牽制する。これに対し米国は、二個空母戦闘任務群（ＣＶＢＧ）を派遣して対抗した。

こうした中国の不穏な動きにもかかわらず、米国の中国への関与政策はなお継続されたのである。

米国内では、この中国に対する戦略（関与政策）は国民のコンセンサスを得たものではなかったようであるが、政府としては進めざるを得ない方針であったようだ。

このような情勢下、一九九七年十一月、中国系アメリカ人アイリス・チャンによる『ザ・レイプ・オブ・南京』が、あたかも時の国民感情を親中に向けるかのように出版されて、相当の期間ベストセラーとなった。

歴史的裏付けを欠く私小説的な著書であったが、ヒラリー・クリントンは彼女を大いに支援するとともに支持したのである。

これは、日中戦争中にもみられた親中小説『大地』や親中記事のプレスキャンペーンと同様に、米中が接近する前兆として起こる不思議な現象である。著書は、政府あるいは利害に絡む組織に利用されたとも言われている。著者のチャンは後に謎の自殺をとげている。

こうして米国は、再び中国が地域的安全保障機構に参加することを望むようになり、軍事・経済両面において支援を継続する。この時期、東アジアにおいて中国が軍事的に日本とほぼパリティーになったと米側は判断している。

「網掛け項目は今後見直される可能性の高い政策」

参考　共和党はアレクサンダー・ハミルトンの財政・経済概念に根拠をおく連邦党（中央集権派）の流れを汲んでいる。政治目的の第一は産業と商業を振興させることであるとする。支持者には保守派が多い。

民主党系は反連邦党（個人の権利を尊重）ともいえる。各州の自治権を最大限認めるべきだとする小さな政府を推奨している。支持者はリベラル派が多い。

冷戦後の東アジア戦略

・一九九〇年四月（国防省報告から）

米国の対ソ脅威認識の低下に伴う東アジア前方展開戦略構想の見直し。中国に対する懸念を薄めて日本の軍事大国化に懸念をシフトしている。

日米安保の重要性を認識しつつも、東アジア諸国の日本の軍事大国化への不安から在日米軍駐留の意義をボトルネックとして強調している。

欧州における米ソの競合関係終了に伴い、アジアにおけるソ連の脅威に関心をシフトしてきている。

・一九九二年～三年の構想

世界情勢の変化（冷戦の終結）に伴い、諸問題に幅広く柔軟に対応していく（柔軟反応戦略）方針を打ち立てる。

これに基づき、クリントン大統領は冷戦後の長期戦略として安全保障と貿易のリンケージを打ち出す。これが関与政策へと発展し、米中友好関係推進へと向かう。

前記報告にみられた日本に対する露骨な警戒感は薄められ、日本側のホストネーションサポートや在日米軍の存在意義が強調されてきている。

ただし、在日米軍の存在意義には依然として他のアジア諸国へのボトルネック役が負わされている。湾岸戦争への百三十億ドルの支援とペルシャ湾での掃海作業は評価されている。

・一九九五年（EASR）：ナイ・レポートから

冷戦後むこう二十年間の長期的国防戦略方針である。

安全保障と貿易のリンケージを打ち出し、米国経済の再活性化と国外への民主主義の促進は、米国の国益に合致するとしている。民主主義と市場経済の拡大を図るために各地域に関与していくとしている（関与と拡大）。

日米関係ほど重要な二国関係はないとし、日米安保はアジア政策の要であるとしている。日本は同盟国中最も寛大な支援を米駐留軍に提供している。貿易摩擦によって日米安保が損なわれてはならないとし、駐留米軍のボトルネック感が薄れている。

韓国防衛に責任を持つとして、初めて韓国に触れている。

中国の軍事的脅威に対する牽制戦略の必要性に気付いてきている。軍事力の膨張、空母保有の意思ありと評価する。核兵器開発の進展及び鄧小平から江沢民への権力移行期にあって、中国の意図が読みにくいとしている。

ロシアとは協力して地域の安定を図るとしており、これが甘い判断となって今次ウクライナ侵攻の誘因となったとも考えられる。

中国国営新華社による鄧小平死去の放送後、間をおかずに橋本首相や池田外相の弔電が中国外務省に届けられたことに対して危惧の念が示されている。これはかつての日中間における朝貢関係に根を置く疑念の現れとみられる。

このことは、日中間に米国の知らないアジア的チャンネルが潜んでいると疑われたのではないか。日本にとっては今後の対中外交において留意すべきことである。

冷戦後の対露政策

第二次世界大戦後の共和党及び民主党の大統領は、いずれも一貫してソ連（ソビエト社会主義共和国連邦でウクライナを含む十五の共和国から成る連邦国家）の封じ込め政策を支持してきた。

その結果ブッシュ大統領とゴルバチョフ大統領による「冷戦の終結」がもたらされた。

スターリン亡き後、米ソ間の確執《かくしつ》（不和）が鮮明になるきっかけは、マハンの『海上権力史論』に触発されたであろうゴルシコフ海軍元帥が、ソ連に「海軍強国」思想を持ち込み建艦競争に走ったことにあった。これは、同著書に触発されて英国との建艦競争に向かったとみられるドイツのウイルヘルム二世と同じ行動である。

ソ連のマハンともいえる同元帥の攻撃型原子力潜水艦や空母を運用した制海権獲得（シーコントロール）戦略は、米国にとって万里の長城であった大西洋と太平洋を一気に埋められたことになり、両国による建艦及び核兵器開発競争が激化した。

財源のほとんどを石油の輸出に依存していたソ連は、ゴルバチョフ政権になって原油価格の大幅な落ち込みによって自滅し、冷戦の終結となる。

名主ロシアの崩壊に伴って一九九一年ソビエト連邦が解体し、今日のロシア連邦となった。このために欧州全体の安全確保が必要となりＰｆＰ（平和のためのパートナーシップ）が一九九四年に結成される。

ロシアは大国（名主）としての特別な地位を要求したが認められず、崩壊後の気落ちもあったか周囲に押されてしぶしぶ調印に応じている。

その後チェコ、ハンガリー、ポーランドが抜け、さらにバルト三国も抜けてＮＡＴＯの東方拡大が進んだ。ロシアは対抗策としてＣＩＳ統合軍の創設を望んだけれども、他の諸国が警戒して設置には至っていない。

歴史的にみても、ロシアの前身はキエフ大公国が一度モンゴル（キプチャク・ハン国）に滅ぼされ、その支配下で誕生した公国の連合体の一部にすぎなかった。

ところが一九二一年ピョートル一世がロシア帝国を建国し、ロシアを東方の辺境国家から一躍大帝国に引き上げたのである。プーチン大統領はこのピョートル一世を標ぼうしているようでもある。

冷戦終結後、ロシアの心情を誤って忖度《そんたく》した米国が宥和政策に転じた結果、第二のスターリンを誕生させることになって今日のクリミア侵略やウクライナ侵攻につながっているとみている。

モスクワ公国（古ロシア）は、他の諸公国の後裔国にとって、今日もなお油断できない国家である。

当面は米国と競争して敗れた「海軍強国」を目指すことはないであろうが、領土の拡大とロシア帝国への夢は消えないであろう。なぜなら一人プーチン大統領のみならず、領土に強い執着と愛国心を持つ大半の国民が望んでいることでもあるからだ。

ロシア国民が自国の誤った歴史認識を是正し、領土感覚を和らげない限り、独立国家共同体（ＣＩＳ）問題や統合軍の設置及びＮＡＴＯ拡大問題などで今後も問題を起こすことは避けられないだろう。

北方領土問題もロシア国民の根強い領土獲得欲求と大国意識に鑑《かんが》（照らして）みて、安易な期待を捨てて対応することが肝要である。

中露の二正面作戦が困難となった米国は、今後ＮＡＴＯ自身の機能強化と同盟国との連携の強化を図ってくるであろう。

一方蒋介石政権を倒した中国共産党政権は、一党独裁の強みを生かして、当面過去のソ連やロシアを範として「海軍強国」や核大国を目指すであろう。またロシアを巻き込んで、偏向的とも受け取れる歴史教育やイデオロギー闘争をも絡めて、近代文明（世界標準：自由民主主義）に対抗してくるであろう。

米国国家安全保障戦略の展望

概括すれば米国は大分と強引ではあったが、自由民主主義陣営の旗頭として世界の平和・秩序の維持に貢献してきたといえる。また、今日のロシアや中国のあり様からすれば強引さは必要なことでもあったといえる。

米国の今後の国家安全保障戦略の構想は、次のように予想される。全体方針としては、従来と大きく変わることはないとみている。

まず第一に、コロナ禍やウクライナ侵攻で受けた経済への打撃からの復活を図るであろう。財政及び貿易に係る双子の赤字からの脱出と未然防止は、国益至上主義に立っている米国にとって依然として根幹の政策であり続けるであろう。

だがこれには大きな障害がある。米国が今後進出を目指せる唯一の巨大市場は、中国かインドをおいて他には考えにくい。しかし、インドは文明度の進行が遅く、中国ほど近未来における期待は持てないだろう。

現在は敵対関係にあるが、中国は米国にとって依然として魅力的な存在であり続けるであろう。そのためにロシアに対した「封じ込め戦略」一辺倒の伝家の宝刀は抜けない。外交や集団安全保障体制の構築などを通じて、できるだけ早い時期の関係改善を望むであろう。そこで日本の役割が問われることになる。

第二は、即応性と実効性のある軍事力の確保が必要となろう。これにはまず核戦略の見直しが必要となる。従来戦略核は宝の持ち腐れ的な地位に置かれていた。しかしウクライナ侵攻におけるプーチン大統領の示威によって、その価値が見直されることになった。

そのために、中ソの戦略核兵器への対応はもとより、北朝鮮などの小規模核兵器にも同時に対処する必要に迫られよう。戦略・戦術核兵器を含んだ、全世界的な安全保障システム構築へのイニシアチブを取らざるを得ないであろう。

特に権威主義的国家などの核保有は、核兵器の安易な使用を誘発し危険である。こうした国家の指導者は、個人の保身のために容易に核を用いる可能性が高いからだ。

また、東アジアやその他の地域防衛構想（低強度紛争対処）においても、核の見直しが必要となる。これには当面、前方展開能力の向上と在日米軍など駐留軍との連携強化や、グローバルな多国間防衛協力機構の構築などが図られるであろう。

また、友好国や同盟国を短距離ミサイルから守るための戦域ミサイル防衛（ＴＭＤ）が、再び必要となってくるであろう。

現在の国際連合機関は、ほとんどが機能不全であることが証明された。今後は、機能する国連の再構築に向けてもイニシアチブを取らざるを得ないであろう。

今次ウクライナ情勢に鑑みて、天然資源（食料、石油、天然ガス、レアメタル等）の国際管理による資源リスクの回避手段が検討されるであろう。また、ＳＷＩＦＴ（国際銀行間通信協会）などの国連組織への取り込みによって、国際法違反に対する抑止力の強化なども検討されよう。

国際法及び国際裁判所の機能強化に向けて、実力を有し機能する国連軍の整備についても検討されよう。さらに国連による軍備管理と査察体制の強化徹底を図り、違反に対する罰則とその厳格な履行についても具体化する必要性があろう。

これに伴って、世界経済や各国の国益は大きく制限を受けるであろう。しかし平和共存を望む立場からは、世界各国が応分の不利益を被ることは避けられない。

今次ウクライナ侵攻やコロナ禍は、世界各国が世界の平和と安全に対して応分の責任を負わなければならないという認識を得る良い機会であるともいる。

第三は自由民主主義の見直しと防衛である。コロナ対策発生に便乗した中国の全体主義的封じ込め政策（法治主義）の世界的流布は、自由民主主義に基づく世界秩序への明らかな挑戦でもある。放置すれば自由民主主義の崩壊にもつながりかねない危険を孕《はら》んでいる。

この中国の政策を経済的に助長して軟着陸させる行動は、民主主義国家としては慎まなければならない。全体主義や権威主義の流布や安易な是認《ぜにん》（認める）は、自由民主主義が営々として築いてきた普遍性を根底から覆すことになろう。

今後米国が安全保障戦略の対象国として選定する国は、中国を第一として、第二にロシアを第三にイラン及び北朝鮮などの比較的小強度の脅威国を対象として練られていくであろう。

冷戦期の対ロシアについては、米国一国での核戦略への対応で十分であった。しかし現在は、米国一国で世界の安全を保障できない状況となってきている。

今後の世界は、日本のように米国頼みでわれ関せずの姿勢をとってきた多くの諸国にも、踏み絵を踏んでもらう必要がある。

ＮＡＴＯ諸国も十分に理解したはずである。

曲がりなりにも自由民主主義を体現してきた米国の深い懐《ふところ》の下に、「平和」を空気や湧水《ゆうすい》のように考えてきた途上国、さらに難民や不法移民を排出する無責任な国々についても是正《ぜせい》を促す必要がある。

地球上に存在するそれぞれの国や部族は、本来一心同体であり、それぞれに応分の責任があることを納得させる必要があり、そのためには国連による指導が適している。

対中国となると、核戦略はもとより世界経済や先進技術、さらにはイデオロギー闘争といった複雑な問題をも包含した、全方位戦略が強いられることになる。

冷戦中の米ロ関係は、軍縮や軍備管理を通じて予測可能（コントロール可能）な危機であったが、米中関係は歴史が浅く、予測が困難で極めて不確実な要素を含んでいる。

毛沢東亡き後、毛沢東とヒットラーを一つにしたような指導者が出現した。儒教思想の好ましい中庸や徳の概念を捨てて、科挙制度による集団指導体制をも否定し、個人崇拝体制を固めている。また人種差別的な漢人優性政策にも手を染めている。しかも巨大経済圏構想である「一帯一路」の資金源は、ほとんどが米・欧・日などの余剰投資資金で賄われているのである。

西側のシャイロックたちは、低コストで調達したドルを対中投資につぎ込んで中国をさらに太らせている。彼らにとっては、香港や新疆ウイグル自治区などにおける人権問題や、中国の覇権的行動などは大きな問題ではなさそうである。

ロシアや中国には民主主義的な社会が根付かないことは歴史が示している。両国国民の大半は轡《くつわ》（首輪の類）を付けて統御されることを善しとする国民性でもあるようだ。そこで今後の日本の役割と立ち位置（旗幟《きし》）が問われなければならない。

日中関係の変遷

一九七九年、故大平首相の訪中時に、東京のホテル・ニューオータニで開かれた「日ソ円卓会議」の第三分科会において、日本対外文化協会の事務局長が「中国はソ連が恐れているような国ではない。米・日・ソが近代化に手を貸してもよいのではないか。中国はベトナムを侵攻したけれどもあれが限界だろう」と述べて中国を弁護している。日ソ友好運動に尽くしてきた人の発言だけにソ連側も驚いたとのことである。

また、一九九二年、天安門事件（一九八九年）勃発の結果、人権侵害のかどで中国が国際的に孤立させられていた。当時は宇野宗佑内閣であった。天皇陛下が中国を訪れたことで、西側諸国が中国に科していた人権侵害に対する中国要人との交渉禁止などの懲罰《ちょうばつ》政策を転換させる転機となった。

この訪問に先立つ一九九〇年一一月、「即位の礼」に来日した呉学謙《ごがくけん》元副首相が、海部元首相と会談のおりに訪中を招請していた。しかし前年に天安門事件があったために、チャイナスクール（外務省中国担当者の集まり）としては訪中を望んでいたけれども、国民世論に配慮して秘められていたとのこと。

翌年銭其深《せんきしん》元外相が正式に招請し、翌年に実現している。銭元外相は回顧録で、天皇訪中が実現すれば西側諸国が科した中国指導者との交渉禁止を打破できるとの狙いだったと明かしている。

このことは西側諸国、特に米国の天安門事件後の対中関与政策（クリントン政権下の関与と拡大）の援軍になった。結果として西側の武器輸出・軍事交流・政府高官交流禁止や最恵国待遇撤回法案などが、全て解禁・廃案とされたのである。

この報いとして、四年後の一九九六年、米中は台湾海峡を挟んで衝突することになる。米国は二個空母戦闘任務群を派遣するはめになったのである。

天皇を政治に利用したこともさることながら、こうした国事行為の持つ戦略的な危うさを理解している為政者や国民がどれほどいるだろうか。

天皇の対外国に対する国事行為は、両国の関係が好ましい状態にある時、すなわち我々が気楽に外国旅行をするような気分で訪問できる環境においてなされるべきではないだろうか。また訪問に対する国民のコンセンサスは、政財界の要求以上に考慮や配慮がなされるべきではないだろうか。

ピンポン外交をはじめ、中国に良かれとした日本の外交戦略はとても成功とは言い難く、東・東南アジアの平和のみならず日本自身の安全保障にとっても、マイナス面のほうが多かったと言えよう。

さらには、ニクソン大統領以降の米国の歴代政権が採ってきた中国に対する関与政策（エンゲージメント：自国の優位を前提として相手を自分の側に取り込むということであって必ずしも友好関係を意味するものではない）を、米国に対して必要以上に忖度や早とちりして中国への対応を誤っている。

その結果、元首相や政財界人の盛んな中国訪問となって、現在の好ましからざる中国を生み出す誘因になったともいえよう。

将来における中国の貴賓や高官の日本訪問に関しては、欧米諸国、特にアングロサクソン系諸国の評価を十分に勘案する必要があろう。

このことは「脱亜入欧」とか欧米に対する卑屈精神からではなく、あくまでも日本の国益に絡む戦略の一環として必要なことである。

日本の対外政策において、欧米との条約や契約は紳士協定として概ね信頼できるといえる。しかし中国や韓国及び中華帝国時代に冊封国や朝貢国となっていた東アジアや東南アジア諸国との協定については、そうはいかない。未だ朝貢制度の名残りを遺していて字義通りに鵜呑みにしてはならず、注意を要するだろう。

東アジアや東南アジア諸国は、十六世紀初頭ポルトガル、スペインに支配され、その後オランダ、イギリス、フランス、アメリカによって次々に植民地化されてきた。それが大東亜・太平洋戦争後、彼ら欧米諸国はこの地域から全ていったん手を引いた。

しかし秦の始皇帝が中国大陸を統一して以来、中国人はゲルマン人の大移動の如く周辺一帯に移入し続け、その地に定着しチャイナタウン（今日では孔子学院なども設置）を形成している。中国は一歩ずつ時をかけて気長に、しかし着実に目的を達成しつつある。その経済力やロビー活動は、日本や民主主義諸国にとって決して無視できないものとなっている。

これはまさに清時代に欧米諸国が中国国内に確保した租借地「租界」そのものである。この存在によって大帝国清は崩壊の道を辿らされたのである。また皮肉なことに、この「租界」こそが現中国共産党を育てた苗床ともなったのである。

今後中国はこの経験を生かして、世界各国に撒かれたチャイナタウンや孔子学院を動員して、欧米諸国が見落としてきた近代文明には馴染まない国々を拾い集めてかつての中華秩序を再構築しようとしているとみている。

第五章　海軍力の意義と帝国海軍

海軍力の意義

大航海時代から欧米列強の植民地獲得競争時代を経て帝国主義へと続いた一九世紀は終わりを告げた。しかしその後再び、沿岸国の資源獲得競争や領土拡張をめぐる国際紛争の兆しが芽を出してきている。

一八九〇年、米海軍軍人のアルフレッド・T・マハンがその著書『海上権力史論』において説いた理論が、中国において復活し、各国の海洋権力確保の欲求を再び目覚めさせた。

著書を簡訳すれば「国家の繁栄は海洋通商活動によってもたらされる。通商活動は海洋活用力（シーパワー）が支えとなる。海洋活用力とは海軍力、商船隊、漁船隊、寄港地（植民地）などによって構成される。

今日では、海洋開発能力がこれに加わるであろう。海洋活用力を支える根幹は海洋を自由に支配（コントロール）することのできる海軍力にある」としている。

海洋の支配（シーコントロール）とは必要な時に自由に海洋を利用し、敵に利用させない状態をいう。海洋国である米国の国益追求の最適手段ともいえるものであった。

この理論は、ユーラシア大陸を戦場としたかつての陸軍主体の戦略・戦術論を、海洋の場に移し換えて活用されてきた。

十九世紀は、フランス革命における自由主義ナショナリズムの台頭や、自由貿易帝国主義（非公式帝国：インドや南アメリカなど植民地国家を生む）に基づく欧米列強による植民地獲得競争の時代であった。

そのために、この理論は領土拡張と植民地獲得競争の帝国主義を生み出す主因となった。海洋を支配するということで海軍が一躍脚光を浴び、欧米列強の寵児《ちょうじ》（時めく）となったのである。

アヘン戦争に始まり、第一次・第二次及び太平洋戦争、それに続く冷戦、さらに現在の中国の海洋進出において、海軍はその普遍的な任務を果たすことによって存在意義を示し続けてきた。

リムパック（環太平洋）戦略やインド太平洋戦略もその延長線上にあるといえよう。その海軍は今や、海洋と国際的海運の安定確保（インターナショナル・オープンシー）というグローバルな任務を担うことが求められてきている。

ジョミニ（一七七九～一八六九）の戦略・戦術及び兵站の書「戦争術概論」や「大陸軍作戦

論」。クラウゼヴィッツ（一七八〇〜一八三一）の「戦争論」の中の「戦争は他の手段をもってする政治の継続」も、また『孫子』の兵法なども参考にしたとみられるリデルハート（一八九五〜一九七〇）の「戦略論」なども、主としてユーラシア大陸を活躍の場とした戦略・戦術論の色彩が濃く、今日では多少古色を帯びてきている感がある。

「海上権力史論」におけるコントロールを一国による支配ではなく「共有」に、敵に利用させないを「共用」に代えるならば、今日の世界の平和共存にうまく適合する理論といえるであろう。

このためにも、この理論を大分遅れて実戦してきた中国にこのことを理解させなければならない。

米国も、英国から引き継いだ七つの海を支配する大海軍戦略の見直しと一強帝国の夢を捨てざるを得なくなっている。各国とも自国優先の国益に対する従来の考え方を改める必要に迫られてこよう。

食料、資源、環境、思想の共用・共有が求められる時代となってきているのである。しかしこれが単純にかつてのマルキシズムへの回帰につながることは、避けなければならないだろう。それが自由民主主義が普遍性を確保する上でのアキレス腱でもある。

帝国海軍

さて日露戦争が終わって三年後、一九〇八（明治四十一）年十一月十八日、総隻数百二十三隻、総トン数四十万四千四百六十十トンの大艦隊をもって実施された「大規模演習後に明治天皇臨席のもと神戸港で観艦式が行われた（『近世帝国海軍史要』（海軍有終会編・一九三八年）

この大艦隊は当初から大海軍国を目指して作り上げられたものではない。マハンの『海上権力史論』に触発された欧米列強が、覇権主義に駆られて建艦競争に走ったことが原因となっている。その競争の波が津波となって東アジアに押し寄せてきた結果、作り上げられたのである。

最初は隣の大清帝国が、英国と建艦競争をしたドイツから「定遠」「鎮遠」の両巨大戦艦を購入して、未だ貧弱だった日本海軍を脅したことに始まる。

引き続いて、満洲や朝鮮半島への侵略を進めるロシアのウラジオ艦隊やバルチック艦隊による軍事的圧迫に対抗するために補強された。その後は欧米列強の脅迫とアジアの植民地化政策に対抗する形で、徐々にビルドアップされてきたのだ。

ほとんどパッシイブ（受け身）の形で補強され増強されてきたのである。受け身だったために、国力との釣り合いや海軍の役割に関する考え方などは二の次となっていた。その結果、いつの間にか日本の国力を大幅に超えるような大艦隊になっていた。

実はそのわが国には過ぎた大艦隊の存在が後に重荷となって、その運用を誤らせる結果となったのである。

太平洋戦争に臨むべきか否かの判断を迫られた際に、理性的であったはずの海軍の判断を誤らせることになってしまうのである。

陸軍や国民から、「さんざん血税（血の出るような思いで納めた苛酷な税）を使って何のためにこんな巨大な海軍を作ったのか」と、有言・無言の精神的な圧迫を受けることになったのである。


海軍に「フリート・イン・ビーイング」という考え方がある。艦隊の存在そのものが相手国に対する抑止力として働くという考え方である。

いわゆる、抜かないでも飾っておくだけで効果のある「伝家の宝刀」でもある。また手の内を見せ合うカードゲームのようなものともいえる。しかし相手の見た目の能力はわかるけれども、その秘められた真意（意図）はわからない。

かつてわが海軍に見られた大艦巨砲主義も、この考えから発している。日清戦争前夜、日本を牽制するために清国海軍の水師提督「丁汝昌《ていじょしょう》」に率いられて品川、長崎、呉、神戸を訪問し、海軍の戦備が劣っていた日本に大きな衝撃を与えた清国東洋艦隊の最新鋭の姉妹戦艦、定遠《ていえん》（基準排水量：七三三五トン）・鎮遠《ちんえん》がそうである。

また、太平洋戦争時のわが姉妹艦陸奥や長門、さらには大和や武蔵もそうである。英国のドレッドノート型戦艦による砲艦外交（艦に国旗を掲げることで後のショウ・ザ・フラッグの効用もあった）もその一環である。

必ずしも争いを招く危険で間違った考え方とは言えない。抑止力を予め提示しておけば、相手も軽軽な行動には出ないであろうというほどの考えである。

例えば、サイバー空間で、とても強力な兵器を保有していると相手を脅しても、人間は目の前に現物を見ない限りなかなか脅威とは認識しにくい。原水爆における相殺戦略（パワーバランス）も似たような考えだ。

軍事パレードなどにおいて搭載する飛翔体を展示し続けなければ納得が得られない。北朝鮮がそのことを立証している。そのために、いきおい大型で多数隻の軍艦を浮かべたり、弾道弾発射実験を繰り返してその映像を公表する必要があるのである。

これが日本の場合には、戦国時代から受け継がれてきた「ヤーヤー我こそは」という華々しい一騎打ちの思想と日本海海戦の勝利とが結びついて、国民生活と国力への配慮を欠き、大艦隊の建造と艦隊決戦思想へと傾注していくことになった。

四十六センチ砲が一騎当千の武将の代わりともなったのであろう。本来なら目立たない、城攻めや水攻めの戦い方（国家総力戦）が一般的になってきていた時代であったにもかかわらず。

それでも定遠・鎮遠によって脅された日清戦争は、清国の朝鮮に対する横暴な属国扱いから朝鮮を解放して独立させ、日本と同じ独立した国になって日本の防壁にもなってほしいとの目的があった。

その際、後の日露戦争には強く反戦を唱えていた内村鑑三でさえも、日清戦争については、『日清戦争の義』を著している。

簡約すれば「日本の勝利は東洋六億人の自由政治、自由宗教、自由教育、自由商業を意味する。日本は東洋における進歩主義の戦士なり。死する高尚なる場所は、世を救わんために死する場所なり」となっており、清国の横暴を批判し、戦争支持（正義の戦争）を表明している。

ベネディクトが書いているように、当時は軍国主義が世界一般に容認されていて、しかも内村は既に日本人を脱皮して国際人となっていた。当時清国は朝鮮、ベトナム、タイ、ビルマを属国となし、黒竜江以北と満洲・台湾を直轄領として強権力を振るっていたのである。

米国の砲艦外交については一九〇八（明治四十一）年十月十八日、戦艦オハイオを旗艦とする十六隻の戦艦群をもって横浜への親善訪問の形でなされた。

十六隻の戦艦のうち十一隻が一二〇〇〇～一六〇〇〇トン級であった。当時の為政者や海軍関係者の驚きと恐れはどれほどであったか。

この艦隊の真の目的は、日本海海戦に完全勝利した日本海軍に対する米国の疑心暗鬼に伴う脅しでもあった。しかし当時の新聞によると、艦隊は東京において熱烈な歓迎を受け、日米の親善に大きく貢献したとなっている。

なぜなら当時日本国民の間には、反米感情などほとんど存在していなかったからだ。このために、日露戦争後に米国人が日本人に対して抱くようになった警戒心や脅威に気付かなかったようである。もちろん日本人に対する人種差別についてもである。

中国やロシア・欧米列強から脅迫され、非文明国と見下されつつもなお、文明発祥の地としての大陸や欧米の文化文明に憧れるデジタル性格を有する島国日本国民の姿がそこにうかがえる。

フリート・イン・ビーイングは、もともと戦わないで済ませるための賢い方策として考えられたが、理論のうえでは明らかなことも、やってみなければわからないという人々には通用しない。

その費した費用（血税）のために、国益追求や国民の尊厳を守るといった名目や、せっかく保有する武器を実際に使ってみたら、という興味本位などから実践（実戦）を強いられることになる。

軍対軍の冷静で賢い「ショウ：展示」であったはずの均衡のにらみ合いが、理性から情に移行した瞬間に現実化し、国民を巻き込んだ国家総力戦へと発展していくことになる。

一般に軍人は戦を好むというのは正しくない。戦いになれば真っ先に戦場に立たされ、その残酷さを最もよく理解しているからである。度を越した、あるいは軍事に無関心・無知の為政者や行き過ぎた愛国心（ジンゴイズム）こそが、国を危うくすると考えている。

百年兵を養うは、これ戦争をしないためである。必要な無駄ともいえる。ただし、軍人自身が軍事力を張り子の虎と捉えて戦争に無関心で実力を養わないでいることは、為政者が国民を愚かな存在とみなして無為に過ごすことと同じで、国を亡ぼすこととなろう。

軍事力を実戦に供するには人員・装備、弾薬などの高い充足率と兵站（補給支援能力）を必要とする。ペンをなめなめ補った図上の充足率や備蓄量で何度演練をしても、実戦の備えにはほど遠い。

今日核の恐ろしさを最もよく理解しているのは、実際に核を投下した軍人たちである。朝鮮戦争において中国側の兵站（補給基地）となっていた満洲への核攻撃を求めたマッカーサーの進言を、トルーマン大統領は一旦容認した。けれども軍部の進言によって思いとどまっている。為政者から出される「指令」や「指示」には本当の意味での責任が伴っていない場合が多い。これに対して軍の指揮官から出される「命令」には、大きな責任と大勢の部下の命がかかっているのである。

戦争や大規模災害時における組織や個人は、指示だけではなかなか動かせない。命令によって初めて可能となる。今次福島原発事故における政府中枢の働きを見ればよくわかる。原発事故の恐ろしさを最もよく理解して命がけで対処していたのは、現地の担当所長とその部下たち下部組織につながる面々であった。

平和が長く続くことは良いことである。でも誰がこの平和を恵んでくれているのか。核ミサイルか、安全保障条約か、それとも紙に書かれた誓いなのか。そうではないであろう。

平和の本当の尊さを理解し、知らぬふり（われ関せずの態度）をせずに、多少ともそれに関わって当事者意識を持とうとする一人一人の気持ちの中から生まれてくるのではないだろうか。

国民一人一人の国防に対する向き合い方とコンセンサスを世界に認識させ定着させておけば、いかなる最新の武器に対しても常に無形の抑止力として働くことは間違いない。今次ウクライナ人の行動がそのことを証している。

残念ながら現在の日本国民は、未だそのことを十分に認識しているようには見えない。欧米の旧約聖書が説く「目には目を歯には歯を」の真の意味をあらためて噛みしめてみる必要があろう。

温情やことなかれの許しでは国家の独立確保はできない。現世は未だ西側の思想の上に成り立って平和を維持しているのであるから。

中国の海洋戦略

一八八四年、スペインがフィリピンを植民地化して海軍基地として使用していたスービック湾は、米国とスペイン戦争の結果、米海軍基地となっていた。その基地も一九九二年にフィリピンに返還された。

またフランスの植民地下にあって軍事拠点となっていたベトナムのカムラン湾は、その後ソ連太平洋艦隊の基地として使用されていたが、二〇〇二年にはロシア軍も撤退した。

その間隙を狙って突然中国が南シナ海への侵略を開始したのである。フィリピンやベトナムなどの周辺国はかつての中華王朝の影を恐れたのであろう。これを看過せざるをえなかった。

しかもオバマ政権下にあった米国は、「米国は世界の警察官ではない」として関与を控えていた。悪いことに彼は親中派でもあった。その間中国の南シナ海への軍事基地建設は急速に進んだ。米国や日本が気付いた時には取り返しのつかないことになっていたのである。

遅まきながらスービックやカムラン湾に再び米海軍が寄港しはじめ、中国に対応（プレゼンス）するようになってはきている。

力の空白、すなわち抑止力の低下（弱み）をみせると付け込まれることが、個人の間だけでなく国家間においても容易に起こりうることが証明されたのである。近年のソ連のクリミア半島侵略やウクライナへの侵攻もそうである。

過去の歴史から欧米人は人口過多で広大な国土を有し、古い歴史と文明を持っていた中国を大アジアの象徴として捉え、漠然と畏敬しているとみられる。しかしその負の部分による弊害《へいがい》（移民や世界各地における無秩序性）に対する責任は、これまでほとんど日本が代わって負わされてきているのである。

文明が衝突すれば欧州と米国は間違いなく団結すると思われる。その時必ずや日本の旗幟《きし》（どちらにつくか）が問われるであろう。米国の識者たちは今日もなお本能的に、日本と中国との交流や連携を「東アジア共同体（華夷秩序下の一国）」として、ひとくくりにして警戒する危うさを持っているとみなければならない。

また米国政府は人口過多で国家の体を成さず、烏合の衆で埋め尽くされていた「清王朝」時代の中国と初めて国交を結んだことから、中国を単なる巨大市場とみなす傾向をもっている。ひなどりが初めて目にしたものを親鳥として認識するようなものだが、事実である。この傾向は知識階級に多く見られる。なぜなら彼等は歴史を知っているからだ。

一八四四年、時の第十代米国大統領ジョン・タイラー（所属政党を持たず副大統領から大統領に昇格した数少ない大統領）が清国との間に初めて「望《ぼう》厦《か》条約」（清米修好通商条約）を結び、しかも皇帝に親書を送って、太平洋を挟んだ両国の結びつきを強調している。

このことが後に習近平国家主席によって米国との「太平洋分割論」につながったとみている。米国のエリート層（知識層）には未だ親中意識が共有されているとみなければならない。なぜなら彼らは歴史を知っているからだ。

第六章　言い置きたい事柄

経験が個人に及ぼす影響

過去に戦争や侵略に直面したり、幼き日を家族と一緒に過ごした土地への愛着など、個人の体験や経験がトラウマやノスタルジーになっていつまでも記憶に残り、その人の行動や思考を左右することがある。

このことは、四周の騎馬民族（匈奴）から常に脅威を受け続けた中華王朝やスラブ民族の後《こう》裔《えい》たちに顕著である。またゲルマン人の侵攻を受け続けた東ローマ（ビザンツ）帝国の後裔、近年ではドイツ帝国や日本帝国から脅威を受けた諸国家の後裔たちもそうである。

その例として、日中戦争及び大東亜戦争が周恩来に与えた大日本帝国陸軍の影響がそうである。周恩来は一九一七年、明治維新後の日本に学べとして明治大学政治経済科に通学し、二年後に帰国する。驚いたことに川上肇の著書でもって初めてマルクス主義に触れているとのことである。実は中国の共産化に日本が加担していたのだ。

日本との接点から、戦後の日本軍の捕虜に対して寛大であった。また、日本の援助の下に清の皇帝から満洲国皇帝となった溥儀《ふぎ》や、同じく蒙古連合自治政府を樹立して主席に就任したモンゴル人の政治家徳王《とくおう》などに対しても、戦後特赦や便宜を与えている。さらには「わが国は日本に賠償を求めない」と言って日本人を感激させてもいる。

しかし後のキッシンジャーとの会談では「日本の経済的な台頭は米中両国にとって脅威である」と言って、米国による経済制裁を求めてもいる。また日本に賠償を求めないと言ったのも、来日から得られた知識によって日本人の性格をよく理解していたことから、日本は必ず援助するであろうことを見越してのことだったとも受け取れる。こうしたことから誠実一筋の人であったとは言い難い。

キッシンジャー氏については大統領補佐官や国務長官を務め、ノーベル平和賞を受賞した人物である。ユダヤ系ドイツ人として両親と共にヒトラー・ナチス下のドイツを逃れてアメリカへ移住する。陸軍に入隊し対諜報部隊で軍曹として勤務の後、ＣＩＡに配属される。生涯ドイツに対して強い敵意を持ち続けていたようである。

ところが、欧州戦線にも参戦せずロシアやポーランド等の欧州諸国が実施したホロコーストにも組していない日本を憎んでいるようだ。日本が結んだドイツとの同盟が、彼の思考の中でドイツと二重写しになっているのかもしれない。

敵の敵は味方として親中的でもあった。周恩来との会談では、在日米軍は日本防衛のためではなく東アジアにおける日本の台頭を抑えるためであると位置付けている。また原爆投下に対して「本土決戦すれば原爆による被害以上の日本人が死んだであろう。むしろアメリカに感謝すべきである」と言っている。

また、田中角栄元首相が日中国交正常化交渉を行ったことに対して「ジャップ」という戦時中の蔑称を使って非難している。これは元ＣＩＡ出身の自らが仕掛けた米中国交正常化の上前をはねられると危惧したからであろうと思われる。その結果が、田中政権の転覆につながった可能性もある。

これは、ＣＩＡによって親露派と目された故中川一郎氏が、１９８３年１月、首相名代としてのアメリカ訪問に際し、「ペルソナ・ノン・グラータ」（外交不適格者）として入国を拒否され、その後の政治生命を断たれたことに通じる。このように日本の独自外交は困難を伴ってきた。

ところがあれほどロシアを憎んでいたとみられていたキッシンジャーだが、サンクトペテルブルク第一副市長時代のプーチンとの会談で次のように述べている。

「私はこれまで私の取ってきたソ連擁護ともいえる言動のために西側から強い批判を浴びている。それは私がソ連は東欧から急いで離れるべきではないと言ったことによる。私は正直言ってゴルバチョフがなぜあんな事（ペレストロイカ政策）をやったのか理解できない」（『プーチンの実像』（朝日新聞国際報道部：二〇二二年四月二〇日第三刷発行より）簡約。

　これが単なるリップサービスでなかったとすれば、同じく諜報員として勤務した過去を持つ者同士に共通する感情がそう言わせたのかもしれない。またこの言動はプーチン大統領の今次ウクライナ侵攻に示唆を与えた可能性もある。

　今次ウクライナ情勢が、キッシンジャーの説いたパワーバランスに基づく世界平和の危うさを露呈した。同氏は、今日では作家や記者によって戦争犯罪人とか、人道に対する罪などで批判されており、最近では単なるメッセンジャー（使い走り）であったなどと評価を下げている。

　ただしキッシンジャーの著書で、元外交官岡崎久彦氏監訳の『外交（上・下）』（日本経済新聞社・一九九六年）はその道の人にとって必読なものといえる。岡崎氏は外交の王道を踏んだ人だが生前正当な評価を得ていたとはいえない。

　インド独立運動家であったチャンドラ・ボースは、イギリス領インド帝国に生まれ、ケンブリッジ大学に留学した人物である。ガンジーの非暴力に参加したが、当初から非暴力では革命はならないと考えて、英国に対抗するためにドイツに渡って英国攻撃を勧める。

　ところがヒトラーは、インドは他国に支配されるより英国に支配されたほうがましであると『我が闘争』に書くほどであったために、日本に期待するようになる。

日本の斡旋《あっせん》で欧州からUボートに乗船し、伊号潜水艦を乗り継いでスマトラ北端のウエ島経由日本軍の航空機で東京に降り立った。東条首相と会談し「大東亜会議《だいとうあかいぎ》」にもインド代表として参加している。玄洋社を主宰していた頭山満のはからいで英国の逮捕から逃れ、インド独立に奔走する。新宿中村屋のインド式カリーはボースが伝えたといわれている。

またインパール作戦でビルマ方面軍司令官だった河辺中将と出会う。河辺はインド独立を目指す彼の心意気に感銘を受けて、無謀ともいえる当該作戦を強行したともいわれている。杉並区蓮光寺にボースの碑がある。

本題からずれるが、大東亜会議（バンドン会議やアセアン諸国会議に匹敵）とは、一九四三（昭和十八）年、東京において開催された当時のアジア地域諸国の首脳会議である。中国、満洲、フィリピン、ビルマ、タイ、英領インドが参加している。

同会議は、軍部としては今後の植民地政策の一貫として考えていたようであるが、外務省としてはアジア諸国の欧米の植民地からの脱却と独立を構想したものであったようだ。

同構想は松岡洋右の発案とされていて、アジアにおける新華夷秩序の設立とも言うべき構想であった。しかし軍部と外務省間が同床異夢であり、さらに軍部内にも河辺のような純粋派と覇権派とがあって国家としての考えに一貫性がなく、残念ながら最後は日本の特徴である支離《しり》滅裂《めつれつ》となって名称だけが残った。

本会議に参加した人物として、中国代表の汪兆銘《おうちょうめい》は韓国の金玉均《きんぎょくきん》同様、日本の近代化に倣えとして自国を大いに啓蒙した。フィリピン代表のホセ・ラウレルは第三代大統領に就いていて、アキノ政権下においては副大統領をも務めている。三男のサルバドール・ラウレルは米国との不平等条約を改定している。

ビルマ代表のバー・モウはアウンサン・スーチーの父と共にビルマ（ミャンマー）独立義勇軍を創設し、日本軍と共に英軍と戦い、ラングーンを陥落させている。戦後政界入りを目指している。

さてクリントン政権下に国務長官であったマドレーン・オルブライトは、チェコ生まれでユダヤ系だがカトリック教徒として育った。ナチス・ドイツの迫害から英国に逃れ、戦後チェコに戻ったがチェコが共産化したために米国に移住している。

ドイツを心底憎んでいる。空爆に消極的な西側首脳陣をまとめて旧ユーゴスラビア空爆を強行する。また国連大使であった時、事務総長を辞任に追い込むような冷酷な面をもっていた。

ロシアのみならずスラブ系国家にも激しい憎しみを抱いていたようである。「魂の強靭《きょうじん》さが充実した人生の秘けつ」の言葉を残している。もし今次ウクライナ危機に際して国務長官の職にあったとしたら、大統領を説いてウクライナへ援軍を派遣していたかもしれない。

一方、日本人は明治維新や日清・日露戦争の成功体験からくる高揚感によって、欧米列強にいじめられていたアジア諸国の救世主を純真な気持ちから目指したことがあった。これらの諸国はその時代とどれほど変わったであろうか。日本がしたことは単に余計なことであったのか。いやそうではなかったのか。

今日本は米国の庇護《ひご》の下に経済発展した成功体験をかさに着て、自らの足元をも省みずにアジア・アフリカ諸国などに対して余計なおせっかいに動こうとしていないか。

国家は国民自らの力で築き上げることによって本物の国家になるものであろう。付け焼き刃や借り物の近代化や文明化は、かえって重荷となって援助国をうらむようになる場合も多いのである。

「住み分け理論」ではないが、国家や民族にはその国に適した歩みのペースというものがある。インドをはじめミャンマー、カンボジア、スリランカ、タイなどの国情を冷静に分析評価する必要がある。まずは様々な援助と関心を注いだお隣さんのわが国に対する態度を他山の石とすべきである。

世に影響を及ぼすほどの人々だけでなく、独りグラスを手にテレビと向き合って盛んに口論を吹きかけている人も、十七世紀の「世直し大明神」を鑑に私憤をも顧みずに当事者意識を自認する人であろう。

止める決断・退く勇気

日米開戦前の一九四〇（昭和十五）年、勅令によって総力戦研究所が開設され、各官庁、陸海軍、民間から日本の超エリートたちが選抜された。国防に関して文官と武官（軍人）が一緒になって軍事・外交・経済全般にわたって、日米が開戦した場合の適合性、可能性、受容性に基づいて研究討議するための機関であった。

その結果、「初戦の勝利は見込めるが、長期戦が必至となって日本の国力では耐えられない。戦争終末期にはソ連の参戦もあって敗北は避けられない。故に対米戦は不可能」という結論が得られていた。結果的にも正しかったことは証明されている。

これを受けた時の陸軍大臣は、「これはあくまでも机上の演習であって、実際の戦争は日露戦争のように勝てないと思っていたのが勝ったのだ。この結果を口外しないように」と言っている。まるで常識をわきまえない素人の判断である。

時の政府企画院総裁（大本営〔ＮＳＣ〕の下で国家財政を担当する）もこの結果を無視し、東条内閣において開戦を支持している。当該総裁（陸軍中将）は戦後、日中戦争が泥沼化した時点で既に開戦は不可避だったと的外れなことを述べている。

勝てないとわかっていたらうまく負ける方法を考えるべきではないのか。また作戦計画は事態の推移に従って修正していくのが常識ではないのか。ごく当然なことがなされていないのである。

また日露戦争時に将官たちが重視した戦いにおける退き際の見極め、すなわち国家存亡時における冷徹な判断を欠き、収拾がつかなくなって支離滅裂になっている。従って責任の所在があいまいとなり、今次大戦への決断と敗戦の責任がどこに、また誰にあったのか不明となっている。

この性格は軍組織だけのものとも思えない。大規模自然災害や原発事故などに対する政府の対応もそうであった。阪神・淡路大震災時の初動体制（自衛隊出動要請の遅延）の不備や、福島原発事故の際の事故対応（船頭多くして船山に上る）などにおいても、現場で命を懸けて作業をする担当者のみに多くの責任を転嫁している。

自衛隊員や海上保安官及び警察官や消防士に重責を負わせて、その身分は軽視して平然としている政府と世論のあり様。さらには今次コロナ禍に働く医療従事者や救急医療関係従事者への処遇と補償の在り方。

官僚を含む「公僕《こうぼく》」（公務員）や準公僕に当たる人々の任務に対する自覚と奉仕の意志を支える根底は、国民の精神的な支持にあることは古今東西変わらないであろう。

少なくとも、法体制や条例に不備があれば即改善すべきである。「紅旗征戎《こうきせいじゅう》は我が事にあらず」（大義名分ある戦争＝公務も自分とは関係ない）とうそぶく人たちの意見などを斟酌《しんしゃく》（考慮）している場合ではないのではないか。

敗戦後日本は江戸時代化した

極論すれば、中華帝国は周囲に存在した夷狄《いてき》、すなわち「東夷《とうい》・西戎《せいじゅう》・南蛮《なんばん》・北狄《ほくてき》」の東西南北からの脅威を受けることによって経世済民国家として鍛えられ、長期政権を維持できたともいえよう。定住農民国家であった中華帝国から野蛮で非文明と見られていたこれらの国家は、ほとんどが遊牧民族や騎馬民族の集団であった。

漢時代における匈奴《きょうど》・月氏《げっし》・烏孫《うそん》・鮮卑《せんぴ》・柔然《じゅうぜん》。隋時代の突厥《とっけつ》。唐時代のウイグル（回鶻《かいこつ》）。宋時代の契丹《きったん》（遼）・タングート（党項《とうこう》）、女真。元帝国を創ったモンゴル。明時代のオイラト、タタール、女真など全てがそうである。モンゴル系、チベット系、トルコ系、ツングース系の部族であった。

こうした文化文明の異なる四周の国や民族からの圧迫や脅威を受けることで中華帝国としては、政治・軍事・経済・文化のバランスの取れた国家経営（経世）を求められたのである。

黒澤明映画監督による映画『七人のサムライ』における勤勉で無防備な村人たちが、実は文治主義の行き過ぎた当時の中華王朝の姿であり、武装した追いはぎ集団が匈奴《きょうど》であったのだ。匈奴たちからすれば中華王朝は栄養の行きわたった食べごろの羊であった。

日本を除く東アジア・東南アジア諸国は十九世紀、一攫千金を夢見て押し寄せる欧米列強によって領土を席巻《せっけん》されてきた。馬が戦車に、戦車が戦艦に、戦艦が戦闘機に、戦闘機がミサイルに変化してきただけのことである。華夷秩序（朝貢制度による文治政策）が長期にわたって平和裏に機能していたが故に、容易に騎馬民族（欧米列強）の侵攻を許したともいえる。

他方日本は、農・漁・手工業の複合（雑種の）国家として国民が適度に啓発され、生活様式が一様でなかったことが幸いした。駐日米大使を務めたライシャワーがその著書『ライシャワーの日本史』（國弘正雄訳：文藝春秋・一九八六年）に書いているように「法と秩序を確立し、通信手段を発展させ、高等教育の普及に先立って初等教育を徹底させ、さらに複雑で資金もかかる工業化に手をつける前に、農業の発展と軽工業の育成を心がけた」のである。

また幸いにして中華の冊封体制や欧米から海を介して距離をおいていたために、多少時間的空間的に余裕を持って文明や技術などを取り込むことができた。これらを全幅活用することで日清・日露戦争を戦い、辛うじて当時の超二大国であった中・露の冊封支配（属国化）を免れたのである。

その効用を評価して、欧米列強の手法をしっかり観察し、彼らの作ったルールを学びとった。それに則って、同じ土俵上で生存競争（当初から覇権を意図したものではなかった）を戦って、辛うじて植民地になることを免れた。

だがそのルールは、いつの間にか彼らによって彼らに都合のよいものに変えられていたのである。同じ土俵だと思って競争していたら、いつの間にかリングに代えられていて、勝敗は勝利者側の数人の採点によって決められる方式に変わっていたのである。

ルース・ベネディクトの言う通り、彼らの設定した土俵上で競った世界情勢下では、彼らの作った万国公法に確かに宗主権（侵略や侵攻ではない植民地化：日本の韓国併合など）が認められていたのである。

宗主権とは一国（欧米諸国）が他の国（アジア諸国）の内政、外交を管理できる権利をいう。すなわち植民地化を正当化する国際法が間違いなく存在していたのである。

敗戦後、少なくともロシアの属国や中国の衛星国（今日のＣＩＳ国家）とはならなかったのだが、それも実はその後のロシアの共産主義化に救われただけのことであった。それがなかったら、今日以上に独立独歩精神に欠けた国民になっていたかもしれない。

その意味では、時の共産主義の台頭に感謝しなければならない。

遠く飛鳥時代（文治主義国家）の「白村江の戦い」の敗戦に伴う朝廷官僚の受けた緊張感、「文永・弘安の役」における鎌倉幕府（文武分割期）の執権や北条得宗家の負った緊張感、また群《ぐん》雄《ゆう》割拠《かっきょ》して雌雄《しゆう》を争う戦国時代（武優先）の国持大名たちの緊張感と責任感。

戦国時代の各大名は、軍備を整え領土や勢力拡張に意を注ぐとともに、商人や忍者を使って常に周辺国の情勢や情報入手に心を配り、遠交近攻《えんこうきんこう》（遠くの者とは仲良くし、近くの者は警戒する）戦略や裏工作を駆使して自国の保全と繁栄に日夜心がけていたのである。

この緊張感は、江戸時代（文治優先国家）になってほとんど消滅してしまう。芸術や文化に優れていたら社会や生活に問題があっても許す世情と化してしまった。

鎌倉時代の文化人藤原定家の『明月記』の「紅旗征戎《こうきせいじゅう》は我が事にあらず」（大義名分ある戦争も自分には関係ない）といった風潮のまん延、元禄文化に酔いしれていたら突然、欧米列強の東アジア進出に目を覚まされて過激に反応することになってしまった。

文学も芸術も実は国家が自主独立していてこそ発展するものであり、属国であったり権威主義国家（ロシア・中国・北朝鮮など）では自由な活動はできないものである。

今次敗戦直後、日本の国防と国策を他国に委ねたために、再び国民全体に緊張感が欠けてしまって、国防に対する無自覚、無感覚が浸透し国家の箍《たが》（桶を縛る竹の輪）が緩んでいる。「たが」が緩むと、国民がばらばらになって国家は崩壊する。たがの外れた桶のように。

現在の日本に欠けていること

軍縮とは、一義的に兵器、装備、兵員、軍事基地の削減や全廃を意味する。一方、軍備の規制、制限、削減は軍備管理とされる。

ロシア、中国、北朝鮮などのように、平和共存に必要な国際条約に違反したり条約の検証を拒否したり、国際法を守らなかったり、また妨害や隠蔽工作をする国がある。

それでも平和を望む諸国民の「信義」に期待するという国がある。日本国憲法の根幹にこの不確かで心もとない「信義」（日本人からすれば対人及び他国との信頼の構築に最も大切な要素と思えるのだが）を置いて平然としている日本の将来は、果たして大丈夫なのだろうか。

日本国内においては、この「信義」に頼ることは至極当然なことでお互いに信頼関係を期待できるけれども、対外を対象とする関係ではそうはいかない。

ルース・ベネディクトやドナルド・キーンが述べているように、国際法や国際条約を創った本人たちは犯した罪をすぐには認めないし、否定する。ごめんなさいとは決して言わないという。また自虐感（行き過ぎた反省）を持つことも決してないともいう。

この不確かな信義に自らの安全を委ねて平気でいられる国家・国民は、歴史上極めて稀であろう。

日本国民一人一人は、世界平和を守るために人類に代わってイエス・キリストの役割を担おうと本気で考えているのか。そうであるならば、その人の崇高さを否定できるものではない。しかし凡人の私にはそれはできそうにない。理不尽な相手の行為に対しては怒りを感じるとともに、反発や反撃をしたくもなる。それが正しい道であると信じてもいる。右の頬を打たれて左の頬は出せそうもない。やはり「目には目を歯には歯を」に組する。

現実（国際情勢）や軍事情勢に全く関心を払わないで平和裏に暮らしている人々が、自分の家には決して施錠を忘れない。一応安全保障の基本は身につけているといえる。この行動から推測すれば、とてもキリストに倣うことはできそうにないだろう。

欧米の母親は眼前の危機に直面した際、わが子の前に立って危機に対して両腕を広げて立ちふさがり、危機と面と向かって子供を守るという。ロシアの侵略に立ち向かうウクライナの人々の姿がそうである。一方日本の母親は子供を抱き抱えて後ろ向きにうずくまり、一緒になって危機に飲み込まれてしまうという。

「フィンランド化」という忘れ去られた語がある。フィンランド化とはソ連によって独立を奪われ、外交やメディアはソ連やロシアの監視下に置かれ、反ソ・反露的言動が全て禁止・監視されて罰則が課せられる状況下にあった過去のフィンランドのことをいう。国家とは名ばかりの、ソ連の衛星国家に成り果てていたフィンランドの悲しい姿であった。

ＣＩＳ（ソ連崩壊後に結成された独立国家共同体）の加盟諸国は、現在でも大同小異似たような状況下にある。今日のロシアはウクライナにこのフィンランド化を望んでいるのである。

いずれにせよ、わが国は「公序良俗《こうじょりょうぞく》」（社会一般の規律）に反する行為にも、この頃は腰が引けてその跋扈《ばっこ》（勝手気まま）を許している。こうした世情が漫然と長期にわたると、その反動としてかつて施行されていた「徴兵制」やジンゴイズム的な国粋主義が台頭する温床となるかもしれない。なお、公序良俗は国際的には世界秩序（平和のための国際法）ともいえよう。

日本は国政において細大問わず過ちを繰り返す国家でもあった。幸いにも大陸と地続きでなかったり、国民の復興努力によって国土を維持することができ、独立が保たれてきた。しかし現在は、海も空も宇宙も緩衝《かんしょう》地帯とはならなくなった。さらには、個人の主観的思考さえも遠隔操作でコントロール可能となってきているのである。

こうした国際情勢下における国家安全保障は、できるだけ多くの国民に国防や軍事力（国家の有する抑止力）の作用反作用について基礎知識を持ってもらうことは勿論のこと、個人に対するマインドコントロールの脅威についても関心を持つ必要がある。

文・武（理性と腕力）は相対するものではなく、潤滑油と機械の関係にある。潤滑油が枯渇すると機械は焼き付きを起こし暴走し、自滅する（今次大戦のように）。しかし潤滑油だけでは絵に描いた餅で、機械（肉体：国家）は実態を持った継続可能な存在とはなりえない。

それにはまず社会の大半を占める中産階層（プチブル）の人々に、軍事への関心と最低限の知識を持ってもらうことであろう。国家は国民の精神的な支え（愛国心）と経済的な支え（税金）によって成り立ち、国民は国家が独立して存在してこそ、国民としての称号が得られると考える。

果たしてフィンランド化の境遇下にあって国民としての誇りが持てるだろうか。国民の国家に対する精神的支えは、軍事力と同じように大きな抑止力となることは証明されている。

民主主義の発達した国家では、平時における軍事力の強化は社会保障などと比べて国民の納得がなかなか得にくい。なぜなら平時における軍事費は単なる無駄使いと受け取られがちだからだ。しかし一度、触発されたら（他国から脅威や侮辱を受けたら）真珠湾攻撃後の米国のように、また今次ウクライナのように、結束し困難に耐えうる。

一方権威主義国家や専制主義国家は、ロシアや中国・北朝鮮のように核や重装備、さらには相手国への侵略や脅しが容易に可能である。しかし国家の総力をあげての長期戦となれば、支配者の言いなりにはなり難いといわれている。

この理論は、ひと昔前の理論であって、大量破壊兵器やピンポイント精密誘導兵器、さらにはサイバー攻撃などが出現した今日では通用しない。

現在は好むときに、望んだところに、好きなだけの攻撃が可能となっている。しかも、忍者のように誰の仕業かもわからせないで、攻撃やかく乱（交通網・情報網やインフラの遮断、国民感情や思想に対する洗脳など）が可能となっている。

国家の安全保障のためには、軍事力の役割とその実体について概ね理解のできる国民を増やす以外に良い方法はない。軍人は二次的存在（フェールセーフ）であるといえる。

太平洋戦争開戦にあたって、米国に留学した経験を持つ山本五十六をはじめ、数人の良識ある人々が米国と戦うことの危うさを説いても、島国根性の蔓延《まんえん》するなれ合い所帯（狭い国際感覚）からは村八分にされてしまう。反対にハワイ奇襲作戦が戦略的・戦術的にもたらすマイナス要因について十分に検討もできずに、彼一人に押し切られてしまうような馴れ合いの村社会でもある。

世論形成がいかに大切かを語っている。世論とメディアの健全性こそが、民主主義国家における国家安寧の根幹である。ジャーナリストは国家や為政者が国民のために何をしてくれるかを問うばかりではなく、自分たちは国家・国民にどんな貢献ができるかをまず問うべきであろう。

なぜならジャーナリズムは民主主義社会においてのみ、その真価が発揮できるからである。ロシアや中国の現状をみればそれがわかる。権威主義国家や専制主義国家においては、手足を縛られて命令されたことのみを発信する御用機関にすぎなくなるからである。

しかしメディアは経済的理由などによって容易に自律性を失い、体制側になびく傾向を持っている。また平穏な世にあっては、意図的に波風を立てて売り上げを伸ばすようなことも平気でやる、無責任な機関ともなりうるのである。

英国の思想家Ｓ・ミルによって修正されたＪ・ベンサムの説いた「最大多数の最大幸福」。この大分《だいぶん》とほこりを被った考えこそが、依然として自由民主主義の根幹であり、ＳＤＧｓを達成するための望ましい方策ではないだろうか。漫然と唱えるだけで得られるものではないことが、再認識されなければならない。

今後の日本に望まれること

今後のわが国は教育体系とその内容の改革に着手する必要がある。まず中高生用の教科書の見直し、すなわち英国サッチャー元首相が行った、自虐《じぎゃく》史観《しかん》に基づく教育の改正と、偏りのない歴史観に基づく教科書の作成である。

次いで国立大学などに長期計画分野としてイノベーション、デジタルビジネス、国際問題研究部門などの学部を設置して、広く世界に役立つ技術や国際情勢の把握に役立つ人材を育成すべきである。

即効性（社会にすぐに役立つ）とは異なった遅緩ではあるが、先端をも産み出す可能性を秘めた苗床としての大学や研究機関を設置することである。流行や即効性のみに囚われず、自由に落ち着いて研究のできる環境の醸成《じょうせい》が必要である。

また日本学術会議などに代わって、米国のＣＳＩＳ（戦略国際問題研究所）や英国のＩＩＳＳ（国際問題戦略研究所）のような官民一体となった戦略研究所を、防衛省以外にも設置すべきである。これは情報強国への第一歩であり、国益確保の核ともなる。

今後は国連への拠出金や、結果として中国に油揚げをさらわれた形になった途上国支援、国際協力機構（ＪＩＣＡ）の在り方などを中国に習って見直し、まず足元の国民の啓発と健全な国家（普通の国家）の形成のために国家予算を優先投入すべきではないだろうか。

日本がこれまでに行ってきた中国やＡＳＥＡＮ諸国及びアフガン・中東諸国などへのＯＤＡや人的貢献なども、労多くして効果は決してそれに見合ったものであったとはいえない。

その国その地域にはそれぞれの発展のペースというものがあることがわかった。人は自分の住む社会に慣れやすく、よその文化には馴染み難いものだ。また善意が必ずしも善意として通じるとは限らない。

国連の常任理事国に対しては、ドイツと協力して権利に見合う財政及び安全保障に対する応分の責任と負担をさせるよう働きかける必要がある。これは国連の見直しとともに、国際安全保障にとっても重要なことであり、日本とドイツがその任に最も適していよう。

戦後の贖罪《しょくざい》外交もそろそろ根本的な見直しが必要である。そのことが長い目で見れば世界において日本が果たすべき、また日本ならではの貢献ができるものと思料する。日本本来の姿、すなわち「和魂和才」を担う次世代の着実で健全な育成こそが、まず優先されるべきではないだろうか。そうすることによって、真に独立した日本となって世界にも認識され、領土問題や靖国神社参拝問題なども自然と解決に向かうのではないか。

国防においては、日本は地政学的にNATO類似の集団安全保障体制が構築し難いので、日米同盟を補完する必要がある。それには英国やドイツ及びフランスなど、欧州諸国とも幅広く連携する必要がある。そのためには、少なくとも彼らの支援機能が働くまでの間を持ちこたえるだけの国防力（抗堪性《こうたんせい》）が必要となろう。

従って少なくとも食料、兵器、燃料、インフラ等の自己完結性と耐性（持久力）の確保が必要となる。なぜなら、今次ロシアのウクライナ侵攻からも相互依存（インターディペンデンス）の脆弱《ぜいじゃく》さが証明されているからである。

歴史の中の虚実

一六〇九年、薩摩藩の琉球侵攻に伴って奄美大島も薩摩藩の支配下に置かれる。以後二百五十年余りにわたって、奄美は近代化を目指す薩摩藩の農奴的支配下にあった。

そのことを民権思想家の中江兆民は「大阪東雲新聞」紙上で、「奄美の窮する現状はまさに東洋のアイルランドである」と記している。当時イギリス本土によって植民地的支配下にあったアイルランドの悲惨さを引き合いに出して紹介しているのである。

この頃発生した事件がある。その情報を昇《ノボリ》 曙夢《ショム》著『大奄美史』と水口志計夫・沼田次郎編訳『ベニョフスキー航海記』（平凡社・一九七〇年）の簡約によって突き合わせてみれば次のようになる。

一七七一年江戸中期、老中田沼意次の頃、一隻のロシア船が奄美大島南端の海岸に強行上陸する。その上陸に対応した奄美の役人「芝《しば》 好徳《こうとく》」の遺した薩摩藩への報告書では、オランダ船の漂着事件として記録されている。

『ベニョフスキー航海記』によれば、「一七七一年、同志とともにロシアの軍艦を奪ってカムチャッカを出港し、太平洋に出、日本、奄美大島、台湾を経て、マカオに達した。四国の阿波では、日本人の非友好的な態度に接し上陸を拒絶されたが、奄美では、島民が様々な糧食を持ってきてくれた。その日は、六月十九日であった」。

一方、『大奄美史』の中の現地役人芝好徳の残した日記（報告書ではない）によれば、「明和八（一七七一年）六月、好徳五十八歳の時、東間切伊須村にオランダ船漂着し、六、七十人の乗組員皆兵器を携え、海陸に陣営を構え、石火矢（火縄銃）を発射したので島中これがために大いに騒ぎ、代官の命によって兵器・人数を集めたが、異人にはとうてい敵すべくもなかった」。

日本の歴史書では、ロシア船の阿波、奄美漂着事件として記されている。しかし事件に関わった奄美の役人芝好徳の日記によれば、火器の発射などを伴ったかなり物騒な上陸であったようだ。しかも、『ベニョフスキー航海記』によれば、大砲なども陸揚げして二週間近くも伊須村に留まったことになっている。

にもかかわらず、奄美役人から薩摩藩へは、単にオランダ船の「漂着」として報告されている。なぜなら、オランダと中国以外の外国船の不法な領海侵入や強行上陸を許したとなれば、当時の幕府の鎖国政策に反する。そうなれば事件への対処や幕府との折衝、管轄問題などが発生して、担当藩にとってはすこぶる面倒なことになるからであろう。

オランダ船の「漂着」として報告すれば、国名についても、また自然災害によるやむを得ない行為として万国公法に則って認められるからだ。

しかもハンガリー生まれの船長は、奄美経由で長崎出島の商館長宛てに手紙を託して、ロシアの南下政策の脅威について日本に警告もしているのである。

その手紙は当時の経世家林子平の『海国兵談』の執筆に影響を及ぼしたとされている。『海《かい》国兵談《こくへいだん》』は、ロシアの南下政策に対して日本として対外に対する兵備の急務を説いた書である。

火器の発射を伴った当該船の行為は、明らかに国際法に違反している。その行為は日本を侮り、その海防力や海軍力を試す目的だったことにもなり、日本側にとっては大問題である。

こうした領海侵入や侵犯などの不法行為は、長大な海岸線と島嶼を有する日本の沿岸や海岸では当時においても数多く発生していたはずである。それらの実態が国防や国益という観点から逐一正確に幕府に報告されていたなら、『海国兵談』を著した林子平や日本の将来を憂えて海外渡航を企図した吉田松陰たちも捕えられたり、切腹させられるほどのことはなかったかもしれない。

いや、例え報告していたとしても、当時の幕府官僚政治体制においては、やはり今日同様に大きな関心事とはならなかったであろうか。

ことほどさように、北朝鮮による日本人拉致事件も相当以前から不審船の活動や海岸地区において、あるいは飲食店などにおいて、海上自衛隊や保安庁及び警察・住人たちからその兆候や情報が度々通報されていた。

しかし、その通報が間違いなく政府中枢や担当所轄に届いていたかは不明である。後の対応があまりにも遅々としたものであったからである。またその結果が判明した後の具体的な対応や救済策も、さらに遅々としたものであった。それがなお今日まで引き続いているのである。国権の侵害という、普通の国家にあっては断じて看過すべきでないことが軽視されているのである。金大中拉致事件や金正男事件もそうであり、竹島問題や中国漁船のわが巡視船への衝突事件なども同様である。

経済問題と国家の尊厳にかかわる問題とを同等と考えるようでは独立国家としてあるべき姿とは言い難い。このことが隣国や他国から侮りを受けて、外交関係や国防にも大きく影響を及ぼすことになっている。

イギリスのサッチャー元首相のフォークランド諸島（マルビナス諸島）奪回作戦に見られる素早い対応こそが、被害を少なくし、国家の威信を示すことで無言の抑止力となって国家の威厳と保全が保てるのである。

早急に対応していたならばわが国に対する国権侵害や国際法違反として処理されるべき事案が、時を経て反対に相手国の外交カードとなってしまうのである。

奄美を襲った当該船は、カムチャッカでクロテン等の高級な毛皮などを積み込んでいて、台湾経由マカオに寄港し、その後欧州に帰投している。帰投後ベニョフスキー男爵は伯爵に昇進しているようである。後に奄美での出来事をマルコポーロ調に面白おかしく脚色して本を出版し、欧州においてベストセラーとなったのが当該著書である。

調べてみると、どうも当該船長とロシア皇帝エカテリーナ二世との繋がりもあって、ロシア船の目的は、女帝命によるクロテンの毛皮入手が目的だった可能性もある。

また、『小右記《しょうゆうき》の筆者』「藤原実資《ふじわらのさねすけ》」（一〇二一年右大臣）の日記に、「九九七（長徳三）年、奄美島人による太宰府管内襲撃事件」の記述がある。

当該事件に関する記述は「日本紀略」「権記」「小右記」「左経記」などの歴史書に見え、いずれも長徳三年（九九七）一条天皇の御代に起こった出来事として記されている。

『小右記』の記述を一部抜き出してみると、「奄美嶋者乗船帯兵具、掠奪国嶋海夫等、筑前・筑後・薩摩・壱岐・対馬、或殺害或放火、奪取人物、多浮海上、また、「先年奄美嶋人来、奪取大隅国人民四百人、」となっている。

九州大宰府管内が奄美嶋人によって大規模な襲撃を受けたと記されているのである。

長徳三年は藤原道長が内覧の宣旨を受けて実質上関白職にあった頃である。事件発生前後の実資の立場は、事件の一年前に中納言、一〇〇一年には権大納言、一〇二一年右大臣に昇進しており、事件当時は中納言の地位にあって事件に直接関与している。

年に一～二回程度行われる天皇が臨席する会議の場に、大宰府から派遣されてきた急使が「南蛮」による襲撃を受けたと奏上（報告）したのである。これに対して当の実資が、これは奄美嶋人によるものであると宣言したことになっている。

本事件は朝廷側（実資）が記録したものである。この事件を報告（訴え出た）した大宰府の立場に立って考察してみよう。まず大宰府の急使が政府（朝廷）に訴え出た日時が、年に一～二回程度しか開かれない天皇臨席の会議の場であったことがまず怪しい。

また当時にあっては太宰府と京都間の連絡は相当な距離と時間をもって隔たっていたにもかかわらず、事件発生と急使の到着と会議の開催日の一致も不自然である。

時の大宰府の運営財源は、九州管内の筑前・筑後・肥前・肥後・豊前・豊後の六か国が負担していたが、薩摩と大隅の二か国は除外されていた。太宰府管内の国・嶋の租庸調は全て太宰府が管理運営していて、主として鴻臚館《こうろかん》（迎賓館）の運営費用に充てられ、余った分が京都に送られていた。それでも増加する接待費や上役の浪費や窃取（だまし取る）によって、財政は破綻していた。

その窮状を何度となく政府に訴え出ていたようであるが、政府はなかなか動かない。他方薩摩・大隅二国の国主や地方官は、坊津を拠点とする琉球・奄美を中継した中国や朝鮮との海外貿易や密貿易で大いに裕福であった。しかも薩摩や大隅は、租税関係を直接中央政府（朝廷）に送っていたのである。太宰府としては、その分を少し自分の方に回してくれと頼んでいたようである。

薩摩・大隅の国主や有力者たちは夜光貝、赤木、枇榔《びろう》などの奄美や琉球の特産物や密貿易で得た舶来品などを、朝廷や実資に賄賂として送られていた。またこの時期の薩摩の守（巨勢文仁）や大隅の守（船守重二）及び掾《じょう》（地方官：為頼）などは、実資の家人（家来）でもあった。

赤木は当時紙や布の染料として使われていて、三位以上の身分の色である紫に次ぐ色として指定されていた。また枇榔《びろう》の葉は、細かく裂いて牛車《ぎっしゃ》の車箱に貼り付けられて上皇、大臣、高僧などの乗り物に利用されていた。清少納言の枕草子にも「門が狭くて車が入らない」などと書かれるほどに、牛車の大きさと装飾に贅が尽くされていたのである。

これらのことから、当時の奄美や琉球は中央政府要人のタックスヘイブン（租税回避）地となっていた可能性が高い。これを苦々しく思っていた太宰府は、正規の朝貢貿易ルートを通したら本来自分の下に入るべき南島の産物や舶来品などの横流しを阻止して、中央政府の不正蓄財や脱税を阻止する目的で、わざわざ天皇臨席時をねらって「南蛮」を名目に訴え出たとみるのが自然であろう。

　これに対して太宰府の心情と現実を全て承知していたとみられる当事者の実資は、迷うことなく自分に特産物を送ってきている奄美人を南蛮としてスケープゴートにしたと考えられる。実資は大宰府の不満も急使派遣の意図も、また奄美人が主犯でないことも全て知っていたと読み取るべきだろう。

　当時の奄美が大規模の水軍を保有し、数百人の拉致者を雇用するほどに、島が大いに発展していた史実は未だ確認されていない。

　因みに本襲撃事件の二十二年後に起きた「刀伊《とい》の入寇《にゅうこう》」事件に際しては、実資の進言によって討伐指揮官の藤原隆家《たかいえ》の論功行賞《ろんこうこうしょう》が行われているけれども、本事件では討伐指揮官の名前すら判然としていない。

　刀伊とは女真《じょしん》または女直《じょちょく》と呼ばれたツングース系の満洲族のことである。

　太宰府同様に、時の政府も汚職の巣窟《そうくつ》であったと思われる。いつの世も汚職や不正に手を染める為政者や利権に群がる官僚たちが後を絶たない世情を考慮すれば、この考察が最も妥当であると思えるのだが。藤原実資も、当時の「わが世の春を謳歌《おうか》する」藤原道長に物申すほどの人であったようだ。

　歴史に載せられているそれぞれの事件も、その信憑性《しんぴょうせい》については疑ってかかる必要がある。

　歴史は概ね勝者によって綴られてきた。本襲撃事件も、中央政府と地方機関における権限や財政の委譲がうまく機能していなかったことが原因となっている。

国家の鎖国政策（禁輸引締め）の下、対外禁輸政策を地方や下部機関に一任して、しかもその足を引っ張るという政府の無責任さが招いた事件といえようか。

また自国経済政策の行き詰まりを鎖国や海外渡航禁止などの、自国本位の手段で乗り切ろうとした政策が、内外から不満を持たれて密輸の横行が招いた事件でもあったともいえよう。

あとがき

途切れることのなかった歴史を縦糸に、古代中国や近代化された欧米などから受け入れてきた様々な文化や思想を横糸にして、密に織りなされてきた独特の生地（国柄）で縫い上げられた日本国。

大分と控えめだったために近隣の中国やロシアをはじめ遥か欧米諸国からも侮りを受けて、何度も切り裂かれそうになってきた。それでも国家防衛に対する先人たちの強い意志と努力によって、芯の縦糸（和魂）は戦前まではしっかりと残されていたとみている。

今日、大分と頼りなくなったような国家像ではあるけれども、この姿こそが現実のわが国の所産である。失ったものは失ったものとして、無いものねだりをせずに腹を括る必要があろう。

今日、グローバリズムとか多様性といった言葉が流行語としてもてはやされている。しかしわが国は途切れることのなかった歴史を通して、既にこうした考えを柔軟に取り入れてきたのである。わが国の国情に照らして取り入れるべきものは取り込み、そぐわないものはこれを排除して今日の姿を形づくってきたのである。

わが国は思想や文明は常に外から入ってくるものだといわれてきた。けれども幸いにして、それらの知識や思想が国民全体の分限を超えることがなかった。従って国家として大きく迷うこともなく、途切れることもなく連綿と続いてきたのだ。

豊富な知識や思想が国家や個人に取り付いて、その自由を奪うことがある。マルクス主義や原理主義、さらには新興の宗教や何とかイズムへのカルト的信奉などがそうである。

山あり谷ありの歴史を乗り越えて、今日の日本国を存続させてきた先人たちの苦労に報いるためにも、この国をできるだけ健全な姿のまま次世代へと引き継いでいきたいものだ。

国民一人一人が「自律の心」を持ちつつ、この国を愛し、支えていってもらいたいものだ。

そうすることで自ずと世界全体のＳＤＧｓの達成にも寄与すると信じる。

「立ち騒ぐ四方の海、日本丸の舵取りはあなたがた一人一人の手に」

主要参考文献

瀬野精一郎著『南北朝遺文九州編第六巻』

武内理三著『鎌倉遺文古文書編第五巻』

林　子平・村岡典嗣著『海国兵談』（岩波文庫：１９３９・０５・０２）

上田正昭・鈴木靖民その他著『倭人のクニから日本へ』（学生社：２００４・０８）

村井章介著『日本中世境界史論』（岩波書店：２０１３・０３・２８）

永山修一著『古代中世のリュウキュウ・キカイガシマ』（勉誠出版：２０１１・０５）

水口志計夫・沼田次郎訳『ベニョフスキー航海記』（東洋文庫：１９７０・０４）

小林多加士著『海のアジア史』（藤原書店：１９９７・０１）

中村義治著『キリスト教大辞典』（教文館：１９８９）

田中史生著『九・十世紀列島の交易と東アジア』（勉誠出版：２００１・０４）

江藤　淳著『忘れたことと忘れさせられたこと』（文藝春秋：１９９６・０１・１０）

江藤　淳著『海は甦える』（文藝春秋：１９９３・０７・２０）

王　敏著『日本と中国』（中央公論新社：２００８・０９・２５）

木村明生著『ソビエト外交論』（泰流社：昭和５・１０・１５）

齋藤　孝訳『学問のすすめ』（筑摩書房：２０１２・０３・１５）

ＮＨＫスペシャル取材班『日本海軍４００時間の証言』（新潮社：平成２６年０８・０１）

小林章夫著『物語イギリス人』（文藝春秋：平成１０・１１・２０）

網野善彦著『「日本」とは何か』（講談社：２０００・１０・２４）
西尾幹二著『国民の歴史』（産経新聞社：平成１２・０１・２０）
山折哲雄著『さまよえる日本宗教』（中央公論新社：２００４・１１・１０）
森 浩一著『日本の古代１・２』（中央公論社：１９９５・１１・１８）
高坂正堯著『国際政治』（中央公論新社：２０１２・０６・２０）
池田 清著『海軍と日本』（中央公論社：１９９７・１０・３０）
池田 潔著『自由と規律』（岩波書店：２００８・０２・１５）
渡部昇一著『日本史から見た日本人 昭和編』（祥伝社：平成元・０５・２０）
海軍有終会編『近世帝国海軍史要』（海軍有終会：昭和１３）
E・S・ミラー著、沢田 博訳『オレンジ計画』（新潮社：１９９４・０７・１５）
E・B・ポッター著『NIMITZ』（アナポリス海軍協会出版：１９７６）
A・T・マハン著北村謙一訳『海上権力史論』（原書房：１９８２・１２・２５）
E・O・ライシャワー著、國弘正雄訳『ライシャワーの日本史』（文藝春秋：１９８９・０６・３０）
ルース・ベネディクト著、長谷川松治訳『菊と刀』（社会思想社：１９９６・１１・３０）
駒木明義・吉田美智子など著、朝日新聞報道部編『プーチンの実像』（朝日新聞出版：２０２２・０４・２０）
昇 曙夢著『大奄美史』（奄美社出版：昭和２４）
司馬遼太郎対話選集９『アジアの中の日本』（文藝春秋：２００６・１１・１０）
司馬遼太郎・ドナルド・キーン著『日本人と日本文化』（中公新書：昭和５２・１１・２０）
サミュエル・ハンチントン著、鈴木主税訳『文明の衝突と２１世紀の日本』集英社：２００６・０４・０８）

呉 善花著『韓国併合への道』（文藝春秋：平成１２・０１・２０）
有馬哲夫著『歴史とプロパガンダ』（ＰＨＰ研究所：２０１５）

〈著者紹介〉

稲田寿太郎（いなだ じゅたろう）

昭和22年　鹿児島県大島郡瀬戸内町清水生
38年　瀬戸内町古仁屋中学校卒
同年　陸上自衛隊少年工科学校入校（横須賀市）
41年　神奈川県立湘南高等学校（通）卒
47年　青山学院大学英米文学科（夜）卒
同年　海上自衛隊幹部候補生学校入校（広島県江田島）
対潜哨戒機部隊及び幕僚勤務歴任
平成14年　退官
15年　東京海上日動保険（株）勤務
23年　退職

2020年5月　著書「奄美大島の貌」（東洋出版）出版

忘《わす》るべからざることども
さまよえる日本丸《にほんまる》の行方《ゆくえ》

2023年2月10日　第1刷発行

著　者　　稲田寿太郎
発行人　　久保田貴幸

発行元　　株式会社 幻冬舎メディアコンサルティング
〒151-0051　東京都渋谷区千駄ヶ谷4-9-7
電話　03-5411-6440（編集）

発売元　　株式会社 幻冬舎
〒151-0051　東京都渋谷区千駄ヶ谷4-9-7
電話　03-5411-6222（営業）

印刷・製本　中央精版印刷株式会社
装　丁　　杉本萌恵

検印廃止

Printed in Japan
ISBN 978-4-344-94281-3 C0031
幻冬舎メディアコンサルティングＨＰ
https://www.gentosha-mc.com/